부모가 하지 말아야 할 21가지 말

부모가 하지 말아야 할 21가지 말

연세대학교 이성호 교수 지음

INNER BOOKS 이너북스

    나는 1994년 가을, KBS 1TV 〈아침마당〉에서 '지금 당신의 자녀가 흔들리고 있다' 는 제목으로 여러 차례 특강을 한 적이 있었다. 그 후 한동안 TV에 출연하지 않다가 2009년 4월에 다시 〈아침마당〉에서 '창조적 인재로 키워라' 라는 제목으로 두 차례 초청 특강을 했었다. 그러곤 석 달 후인 7월에 앙코르 강연으로 '부모의 생각이 바뀌어야 자녀가 산다' 는 제목으로 또 한 차례 특강을 했었다.

    17년 전에 처음 TV 특강을 했을 때도 그러했지만, 2009년 특강이 끝난 후에도 KBS 〈아침마당〉의 시청자 게시판에는 물론, 내 홈페이지나 카페를 방문해서 글을 남겨 주는 분들이 헤아릴 수 없을 만큼 참 많았다. 또한 내게 직접 이메일을 보내시거나, 전화나 편지로 감사의 뜻과 함께 감동적이었다는 소감, 격려의 찬사를 적어 보내 주신 분이 너무도 많았다. 이 기회에 그 모든 분께 감사를 드린다.

특히 2009년 7월 특강에 대한 시청자들의 관심은 매우 컸다. 이때는 부모가 자녀에게 하지 말아야 할 열 가지 말을 엄선하여 하나하나 설명하면서, 자녀에 대한 부모의 생각이 바뀌어야만 자녀가 제대로 성장할 수 있다는 취지의 특강을 했었다. 생방송으로 진행된 데다 65분으로 지극히 제한된 시간의 강의였기 때문에, 그 열 가지를 좀 더 자세히 강의하지 못한 것을 나 자신도 안타깝게 생각했다. 그런데 TV 특강을 시청한 많은 시청자 역시 그러한 점을 이야기하면서, TV 특강을 다시 한 번 해 줄 수 없겠느냐, 아니면 교수님의 어떤 책을 보면 그런 이야기를 접할 수 있겠느냐 하는 문의가 쇄도하였다. 벌써 해가 바뀌어 2년이 다 되어 가는데도 여전히 내게 똑같은 문의와 요구를 계속해 오고 있다.

이 작은 책은 바로 부모님들의 그러한 따뜻한 격려와 적극적인 요구에 따라 쓰였다. 그때 나는 제한된 방송시간 때문에 부모가 자녀에게 하지 말아야 할 말을 그저 열 가지만 엄선했었는데,

006

이번에는 아예 처음부터 내가 생각하였던 스물한 가지 모두를 적어서 하나의 책으로 만들었다. 물론 이것은 내가 일상에서 많은 부모의 언어 행위를 듣고 관찰하면서 알게 된 이야기들이지만, 아동을 대상으로 설문조사를 실시하여 직접 확인하는 과정도 거쳤다.

아무쪼록 부모님들이 이 책을 통해 우리 어른들이 그저 화가 나서 불쑥 내뱉는 한마디 말이 결국엔 우리 아이들에게 얼마나 큰 상처가 되는지를 이해하고 확인할 수 있게 되기를 바란다. 그리하여 우리 아이들이 좀 더 밝고 환한 웃음을 머금으며 자신감, 용기, 희망 그리고 꿈으로 가득 찬 자신의 미래를 가꾸어 나갈 수 있게 되리라 믿는다.

2011년 2월

이성호

contents

차 례

프롤로그

모든 사람에게 있어 말이란 곧 그 사람의 삶의 모습을 나타낸다. 말을 들어 보면, 곧 그 사람의 삶을 이해하게 된다. 말은 말의 내용과 그 말이 입 밖으로 나올 때의 모습, 곧 말투로 이루어져서 말하는 사람의 삶의 모습을 나타내는 것이다. 즉, 무슨 말을 어떤 식으로 말하느냐 하는 것이다.

말의 내용이 매우 긍정적이면서 그 말투 역시 매우 사랑스럽고 긍정적일 때, 그것은 곧 말하는 사람이 그만큼 긍정적인 삶을 살아가고 있음을 의미한다. 그러나 반대로 말의 내용이 지극히 부정적이면서 그 말투 역시 매우 부정적일 때, 그것은 곧 말하는 사람의 삶이 어둡고 부정적임을 의미한다. 물론 꼭 그렇지만은 않을 수도 있다. 긍정적인 말을 때로는 부정적인 말투로 표현하는 경우도 있다. 상대를 꽤나 사랑하고 예뻐하면서도, 말투는 반대로 퉁명스럽고 까칠하게 할 때도 있다. 또한 지극히 가시 돋친 내용을 매우 사랑스럽고 다정하게 말하는 재주를 펴는 사람도 있다.

말은 항상 상대적이다. 말은 말하는 사람이 혼자 중얼거리든, 누군가를 향해서 하든, 하여간 상대가 있는 법이다. 그렇기에 말은 곧 말하는 사람의 삶을 나타낼 뿐만 아니라, 말을 주고받는 사람 간의 관계도 나타낸다. 그리고 그 말은 곧 말하는 사람 자신뿐만 아니라 그 말을 듣는 사람에게도 엄청난 영향을 미친다.

매우 긍정적이고 좋은 내용의 말을 매우 사랑스러운 말투로 하면, 그 말을 듣는 상대방에게 좋은 감정을 불러일으키기 마련이다. 그 말을 듣는 상대방은 매우 기분이 좋아지며, 행복하고 즐거워지기 마련이다. 그래서 그러한 말은 곧 그 사람으로 하여금 말을 한 사람에 대해서만이 아니라, 자기 자신에 대해서도 매우 긍정적인 생각을 갖게 만든다. 우리가 흔히 칭찬, 격려, 인정, 존중, 고무, 희망, 기대 등의 용어로 표현하는 유형의 모든 말이 전부 그런 것들이다.

반대로, 매우 부정적인 내용의 말을 매우 부정적인 말투로 한다면, 그 말을 듣는 상대방은 어떤 생각을 하게 되고, 또 어떤 반응을 하게 되겠는가? 특히 몹시 화가 나서 정제되지 않은 내용을 절제하지 못한 표현 방식으로 상대방에게 말했을 때 그 말을 듣는 사람들은 어떤 생각을 하고 어떤 반응을 하게 될까? 자명하지 않은가? 비난, 저주, 무시, 포기, 절망, 격리 등 온갖 유형의 부정적인 말을 지극히 차갑고 비아냥거리는 색조의 말투로 상대방에게 했을 때, 그 말을 듣는 사람이 갖게 될 감정과 반응은 뻔하지 않겠는가?

말은 성숙한 어른들 간에도 그것을 주고받는 관계에 엄청난 영향을 미친다. 하물며 성숙한 어른과 아직 성숙하지 못한 어린아이 간의 말은 서로에게 얼마나 큰 영향을 미칠 것인지는 우리 모두 쉽게 이해할 수 있다. 어른, 특히 부모가 자녀에게 무심코 던진 말 한마디가 자녀에게 얼마나 큰 영향을 미치던가? 반대로, 자녀가 부모에게 불쑥 던진 말 한마디가 부모에게 얼마나 큰 영향을 미치던가?

엄마가 아이에게 던진 칭찬과 격려의 한마디가 아이를 밤새 기쁨 속으로 빠져들게 하지 않던가! 엄마가 아이를 인정해 준 말 한마디가 아이에게 엄청난 자신감을 불러일으키고, 가슴 벅찬 희망 속에 강한 성취동기를 느끼게 해 주지 않던가! 또한 아이가 엄마에게 던진 존경과 감사의 한마디가 엄마의 지친 몸에 활기를 불어넣어 주고, 엄마에게 환희에 찬 발걸음을 만들어 주지 않던가!

그러나 반대로 엄마의 저주에 찬 말 한마디는 자녀의 삶을 송두리째 무너뜨리기도 한다. 심하면, 아이를 15층 아파트 옥상에서 뛰어내리게 하지도 않던가? 물론 그러한 극단적인 경우는 매우 드물다. 하지만 우리 어른들도 어린 시절을 돌이켜 보면, 부모로부터 들었던 무시와 비난의 말 한마디 때문에 집을 뛰쳐나갈 생각을 수없이 해 보지 않았던가? 물론 그렇게 해서 뛰쳐나간 경우 역시 매우 드물기는 하겠지만, 그때 가슴속 깊이 쌓였던 상처 때문에 나름대로 얼마나 고뇌하고 힘들어했을지 자명하다. 물론 사람들은 누구나 그런 과정을 거쳐 성장한다. 그럼에도 가능하면 부모의 말로 인한 상처는 자녀에게 적을수록 좋은 것임을 우리 어른들은 결코 잊어서는 안 될 것이다. 왜냐하면 상처는 자꾸 입을수록, 또 자꾸 쌓일수록 다른 병을 유발하는 그루터기가 되기 때문이다.

예부터 사람들은 '口是禍之門'이라고 표현하지 않았던가? 즉, 입은, 곧 입을 통해 나오는 말은 모든 재앙의 문이라고 말이다. 세상을 괴롭히고 사람의 삶을 괴롭히는 많은 재앙의 대부분이 모두 말에서 비롯된다는 것이다. 하긴 이 말이 진리인 것은 나 자신의 하루하루의 삶을 돌이켜 보아도, 또 주변의 다른 사람들의 삶을 지켜보아도 쉽게 이해된다. 부부간에도, 부모 자식 간에도, 친구 간에도, 선후배나 동료 간에도, 이웃 간에도, 지인들 간의 관계에서도, 우리는 말 한마디 때문에 서로 더 돈독해지고 따뜻한 생각과 마음을 주고받게 되지 않았는가? 또 반대로 말 한마디 때문에 서로 간의 관계에 틈이 벌어지고, 서로 미워하고 증오하며 원한을 느끼고 그러지 않았는가? 그렇기에 예부터 많은 성현들은 말조심에 대한 온갖 경구풀이를 사람들에게 남겼던 것이다.

"날카로운 말 한마디는 그 어떤 유능한 의사도 치료할 수 없는 깊은 상처를 입히게 한다."라는 경구를 어디에선가 읽은 적이 있다. 나는 부모들이 이런 경구를 꼭 기억해 주었으면 한다. 설혹 자녀에게 긍정적이고 부드러운 말 한마디를 해 주지는 못할지언정, 그 나이에 도저히 감당하기 어려울 만큼 가시 돋친 말을 던져 결국엔 자녀에게 치유하고 회복되기 어려운 지경의 상처를 입히는 일은 하지 말았으면 한다.

그렇다면, 아이들은 부모로부터 어떤 말을 들을 때 깊은 상처를 입게 될까? 어떤 말을 들을 때 아이들은 분노할까? 또 어떤 말을 들을 때 아이들은 견디기 어려운 절망과 포기의 깊은 수렁으로 빠져들까? 부모로부터 어떤 말을 들을 때 아이들은 "제발 그러지 좀 마!" "제발 그런 식으로 말하지 좀 마!" 하면서 부모에게 애원할까? 차라리 소리쳐 애원이라도 할 수 있으면 괜찮다. 소리 내어 외치지도 못하고, 속으로 혼자 삭이려 애쓰고 애쓰다 지쳐 결국엔 삭이지도 못하고, 그래서 허공을 향해 절규하다가 끝내는 자신을 포기하고 삶을 포기한다면, 그때 가서 우리 부모들은 어떻게 할 것인가? 아직 제대로 자라지도 못한 채 이미 뿌리가 썩기 시작했다면, 그래서 이제는 그것을 치유하기엔 너무 어려운 지경에 이르렀다면, 그때 우리 부모들은 뭐라고 후회할 것인가? 뭐라고 용서를 빌 것인가? "모든 것이 다 너를 위해서, 네가 잘 되라고 했던 말이다."라고 하면 변명이 될까?

이 책은 아이들의 입장에서, 부모가 제발 훗날 그런 변명을 하는 일이 생기지 않도록, 이런 말들만큼은 아무리 화가 나도 하지 않았으면 하는 것들을 적어 본 것이다.

자녀의 인격을
무시하지 말라

01

그때, 저걸 그냥
낳지 말았어야 했는데……

> • 여보, 저걸 정말 그때 괜히 낳았어!
>   저런 건 줄 알았으면 낳지 말았어야 했는데…….
> • 야! 너 왜 태어났냐! 너 때문에 내가 정말 미친다 미쳐.
> • 자식이 아니라 웬수예요, 웬수, 철천지 웬수예요.
> • 내가 전생에 무슨 죄가 많아서 저런 자식을 낳았는지 모르겠어!

　어린 자녀가 세상에 처음 태어났을 때, 대부분의 경우 부모는 환희에 젖는다. 자신의 몸에서 새로운 생명이 태어났다는 사실에 희열과 감사를 느낀다. 더욱이 그 새 생명이 두 사람의 이곳저곳을 빼닮았다는 것에 신비스러움을 느낀다. 그러한 신비로움은 아이가 커 가면서 더욱더 커지게 마련이다. 외모만이 아니라 성격이나 식성, 머리지능가 모두 부모의 어느 한쪽을 골라서 닮았다는 사실을 확인하게 될 때마다 부모는 행복감에 젖는다.

　아이가 돌이 지나고 한 살, 두 살 더 먹어 감에 따라 한두 가지씩 늘어나는 재롱에 부모는 더없이 기쁨과 즐거움을 느낀다. 비록 아이 때문에 힘든 일이 많아지기는 해도 아이가 보여 주는 재롱에, 아이가 내보이는 성장의 양과 질에, 부모는 힘든 것을 모두 이겨 내고 아이를 통해서 새롭게 얻은 삶의 활력에 무한한 행복을 느낀다. 아이가 세 살, 네 살, 다섯 살, 여섯 살 정도에 이르게 되면, 아이로 인한 부모의 행복은 절정에 이른다. 사실 이때 아이가 부모에게 가져다주는 행복감은 그 아이가 평생에 걸쳐 부모에게 하는 효도의 전부라고 치부해도 좋을 만큼 크다.

그러나 아이가 유치원에든 초등학교에든 입학하게 되면서 사정은 크게 달라진다. 이때부터 아이도 제법 사람 구실을 하려고 든다. 나름대로 고집이 생기고 주관도 갖게 되면서, 부모의 생각에 반하는 주장을 하거나 부모의 기대에 어긋나는 행동도 곧잘 하게 된다. 이때부터 아이는 부모에게 행복의 근원이기보다는 골치 아픈 존재로 서서히 탈바꿈하게 된다. 정도가 심해지면, 아이는 부모에게 거추장스러운 존재로, 부담되는 존재로, 차라리 없었으면 더 좋았을 것 같은 존재로 인식되기 일쑤다.

밥을 먹으라고 하면 제때에 밥을 먹나, 옷을 입으라고 하면 냉큼 옷을 입기를 하나, 씻고 자라고 하면 그냥 잠들어 버리지를 않나, 장난감 따위를 좀 치우라고 하면 제대로 치우기를 하나, 조금만 놀다 오라고 내보내면 한밤중에 들어오지를 않나, 그놈의 컴퓨터 게임에 빠져 정신을 못 차리질 않나, 조금만 싫은 소리를 하면 조그만 녀석이 벌써 말대꾸를 하면서 덤비질 않나……. 부모가, 특히 엄마가 속이 터지는 경우가 어찌 이뿐이겠는가. 아이의 일거수일투족이 엄마에겐 모두 불편을 가져다주는 것일 뿐, 더 이상

020

부모가 하지 말아야 할 21가지 말

행복의 근원이 아닌 경우가 많은 가정에서 비일비재하다.

특히 어린이집이나 유치원, 학원 그리고 초등학교로 아이가 옮겨 가면서 부모의 실망과 불만은 더욱 커진다. 부모는 항상 다른 아이들과의 경쟁 속에서 자신의 아이가 다른 아이들보다 앞서기를 바라는 지극히 이기적인 욕심을 부리게 마련이다. 그리고 그런 부모의 기대와 욕심에 아이가 부응하지 못하고 부모에게 남달리(?) 힘든 노력을 하게끔 하면, 부모들, 특히 엄마는 아이에게 저주에 찬 말을 생각 없이 마구 쏟아 내기 시작한다.

"그때 저걸 그냥 낳지 말았어야 했는데, 괜스레 낳아 가지고서 이 고생이야! 그때 당신만 고집 피지 않았어도 지워 버리는 건데……. 무자식이 상팔자라고 했던 옛말이 하나도 안 틀려. 애가 없으면 안 되남! 남들은 애 없이도 두 사람이 잘들만 살더구만……. 저 자식한테서 이다음에 내가 무슨 효도를 크게 본다구! 하여간, 이젠 자식이 아니라 웬수야! 웬수도 저런 웬수가 없다니까. 당신은 온종일 나가 있으니까 모르지! 당신도 하루만 쟤하고 지내 봐!"

잠자리에 든 아내가 남편에게 건네는 이런 푸념은 때때로 아이에게도 거침없이 던져진다. 남편이야 애 아버지니까, 아이를 낳은 것에 자기도 책임이 있으니까, 또 애 키우는 일에 애 엄마만큼 보탬이 되지 못했으니까, 그저 죄인이다 싶어 묵묵히 듣고만 있을지도 모른다. 그러나 그런 식의 푸념을 엄마한테서 듣게 된 아이는 어떤 생각을 하게 될까? 어떤 기분이 들까? '아! 내가 이제 더 이상은 엄마한테 그런 소리를 안 듣도록 잘해야 되겠다.'라고 반성과 각오를 하게 될까? 하긴 철이 좀 일찍 든 아이들은 그렇게 생각할지도 모른다. 그러나 대부분의 아이들은 어른들이 생각하는 만큼 그렇게 철이 일찍 들지 않는다.

아이가 문제를 일으켰다. 유치원에서 어떤 여자아이를 잘못 밀쳐서 그 아이가 뒤로 넘어지면서 팔을 삐끗하여 병원까지 가게 됐다. 그런데 아이는 유치원에 다녀온 후에 가야 할 태권도 학원에도 가지 않고, 조그만 게 벌써 PC방을 들락날락하기 시작한 것이다. 게다가 입고 나간 새 점퍼는 어디다 벗어 놓고 왔는지 그냥 티셔츠 차림으로 집에 돌아왔다. 다른 집 아이들은 영어도 제법 잘하는데, 애는 그나마 유치원에서 가르치는 영어도 전혀 따라가지 못하면서 겨우 한다는 얘기가 자기가 다니는 유치원이 꼬졌다는 것이다. 그래서 다니기가 싫다는 것이다. 늦게 집에 왔기에 어서 손 씻고 와서 밥 먹으라고 했더니만, 그냥 식탁에 와 앉아 있더니 엄마가 좀 식으라고 식탁에 미리 퍼다 놓은 곰국 그릇을 잘못 건드려 엎질렀다. 그릇이 넓적다리 위로 엎어지는 바람에 그곳을 조금 데었는가 싶었는데 아이가 비명을 지르며 넘어졌다……. 그러자 엄마의 짜증은 극에 달하고 말았다.

"너 때문에 하여간 내가 못 살아! 너 때문에 내가 제명에 못 죽지……. 너, 아주 엄마를 돌아 버리게 만들 속셈이니? 너 때문에 엄마가 미친다 미쳐……. 어쩌면 너는 애가 그러냐! 도대체 이 작은 머리통 속에 무슨 생각이 들었길래 이렇게 엄마 속을 썩이

냐……. 아유, 차라리 그때 이걸 그냥 낳지 말았어야 했는데…….
자식이 아니라 아주 웬수야, 웬수 덩어리야!"

　바지를 벗기는 엄마의 거친 손길에 아이는 그저 훌쩍이면서
부엌 한구석에 서 있다. 그리고 끝없이 이어지는 엄마의 긴 탄식
과 자조적 독백(?)을 멍하니 듣는다. "뭘 잘했다고 훌쩍거려! 이렇
게 비켜. 저리 가서 담요 덮고 소파에 앉아 있어! 너는 밥도 먹을
자격 없어! 너 영어 숙제도 안 했지! 너 어제도 그제도 안 했어! 네
가 말 안 하면 엄마가 모를 줄 알았지! 유치원 선생님이 엄마한테
전화했더라……. 너 같은 아이는 처음서부터 태어나질 말았어야
해! 왜 태어나서 이렇게 여러 사람 힘들게 만드냐! 엄마도, 아빠
도, 선생님도, 미진이도 유치원에서 넘어진 아이 힘들게 만들고……."

아이가 세상과 접촉하지 않은 채 세상 모르고 요람에 누워 있을 때는 아무런 문제가 없었다. 그러나 요람을 박차고 세상 속으로 나오면서 어떤 아이든 조금씩은 문제를 일으키기 마련이다. 그리고 남들과의 치열한 아귀다툼의 경쟁에서 때때로 밀리기도 하는 법이다. 어찌 내 아이가 항상 남들보다 더 잘하고, 엄마가 보기에 눈곱만큼도 문제를 일으키지 않고 엄마의 기대에 척척 들어맞게끔 행동하기를 기대할 수 있겠는가? 그리고 문제를 좀 일으켰다고 해서, 남들보다 좀 쳐진다고 해서, 어찌 그 아이가 이 세상에 태어나서 존재하는 것까지 무시당하고 거부당하며 비난받아야만 하겠는가?

세상엔 꼭 잘나고 똑똑하고 공부 잘하고 그런 아이들만 태어나게 되어 있는 것은 결코 아니다. 다소 모자라고 다소 문제가 있는 아이들도 이 땅에 태어나 존재할 수 있는 고결한 가치를 지니고 있다는 것을 어찌 부모들이 모르겠는가? 그저 속상하고 화딱지 나다 보니 잠시 그것을 잊었는지 모른다. 그리고 세상에 문제없이 크는 사람이 어디 있는가? 부모들이 자기 자신의 어린 시절을 돌아보면 분명하게 이해될 것이다. 사실은 그런 문제들을 숱하게 일으키면서, 그래서 부모의 속을 숱하게 썩이면서 우리 모두 성인으로 성장하지 않았던가? 그럼에도 지금 당장 부모에게, 특히 엄마에게 아이가 불편(?)함과 괴로움을 좀 끼친다고 해서, 또 엄마를 좀 속상하게 만든다고 해서, 그 아이를 괜스레 낳았다고 소리치고 웬수라고 몰아붙이면 아이의 가슴속에는 어떤 생각이 들게 될까?

하기야 모든 부모가 한두 번쯤은 그런 비슷한 말을 생각 없이 쏟아 냈을지도 모른다. 그러나 그 정도가 심해서 그야말로 허구한 날 아이에게 부모가 그런 이야기를 반복한다면, 아이들의 마음속에는 어떤 생각들이 싹트게 될까? '정말 나 같은 존재는 이 땅에서 없어져야만 해! 난 쓰레기 같은 존재야! 난 이 세상에 필요 없는 존재야!' 그러면서 조그만 아이들이 너무나 일찍 삶에 대해 부정적인 생각을 품고 사춘기를 맞이하면 어떻게 될까? 혹은 이미 사춘기에 접어든 청소년들에게 엄마, 아빠가 그런 말을 퍼붓는다면, 그 아이들은 무슨 생각을 하게 될까? 집을 뛰쳐나가는 아이들, 아파트 옥상에서 땅을 내려다보며 뛰어내릴 생각을 잠시 품는 아이들……. 정말 이 땅에는 태어나지 말았어야 하는 존재가 있을까? 하나님께서는 말씀하셨다. 이 땅의 모든 존재는 쓰임새가 있어서 태어난 것이라고…….

02 머리는 무거운데
왜 달고 다니냐!

> • 야! 너 머리는 장식으로 달고 다니는 줄 아냐!
> • 이놈아! 어째 너는 그 모양이냐. 대가리 속에는 똥만 가득 찼냐!
> • 짜아~식! 너도 이놈아 이젠 중3이야! 중3이면 옛날 같으면 호
>   패도 찼어.

　　중학교 2학년에 다니는 아들 녀석이 헐레벌떡 집에 들어와서
는 냉장고 문을 열었다. 목이 탔던 모양이다. 비닐 상자팩으로 된
딸기우유 한 개를 꺼냈다. 그러곤 상자 옆쪽에 달린 플라스틱 빨
대를 뜯어 구멍에 집어넣었다. 빨대로 빨아 마시려고 우유팩을 드
는 순간, 우유가 빨대를 통해 밖으로 솟아올라 줄줄이 새고 말았
다. 아이가 당황해서 빨대를 입에 문 채 우유팩을 내려놓는 순간,
우유는 뚫린 구멍을 통해 밖으로 또 솟아올라 부엌 바닥 이곳저곳
에 흘러 버렸다. 그때 뒤쫓아 부엌으로 온 아이 엄마는 소리를 냅
다 지르기 시작했다.

　　"너 지금 뭐하는 거야?"

"목이 말라서 우유를 좀 마시려고 그랬는데……."

엄마는 아무 말 없이 아이를 빤히 쳐다보고 있었다. 그러자 아이는 혼잣말을 하면서 침묵을 깬다.

"근데 이게 왜 이 구멍으로 쏟아져 나오지……. 참…… 아~ 씨……."

" 이 바보야! 팩을 손으로 꽉 움켜쥐니까 구멍으로 솟아오르는 거지, 이 바보야!"

"……."

"너, 우유 한두 번 마셨어, 이 바보야! 아니, 그러니깐 부엌 바닥이 맨날 끈끈하지……. 그렇게 줄줄 흘려 대니까……. 하여간 내가 너 때문에 미쳐. 아니 이 멍청아, 그래 그냥 마시면 되지 흘리긴 왜 흘려……. 아니면 물을 따라 마시든가……. 하여간 덤벙대긴……. 넌 어째 그렇게 생각이 없니? 생각이 없는 거니, 아니면 생각이 모자라는 거니!"

"……."

"그 대가리 통 속엔 똥만 잔뜩 들었냐! 어째 너는 하는 짓마다 그렇게 바보 같으냐! 그러고 섰지 말고 얼른 닦아! 말라붙기 전에 깨끗이 닦아!"

그러곤 아이 엄마는 다시금 거실 소파로 가 앉아서는 TV 채널을 이리저리 돌렸다. 그러자 아이는 슬리퍼 걸레로 부엌 바닥을 대충 닦고는 거실에 있는 엄마 옆을 스쳐 자기 방으로 들어가 버렸다. 잠시 후, 이 녀석이 어떻게 닦았는지 확인하려는 듯 부엌에

간 엄마는 이내 다시 소리 지르기 시작한다.

"야! 너 이게 닦은 거야! 그대로 있잖아!"

방에서 불려 나온 아이는 뭐가 잘못되었느냐는 듯 큰 소리로 답한다.

"닦았는데……."

"뭘로 닦았다는 거야?"

"엄마가 신는 슬리퍼 걸레로 닦았는데……."

"누가 그걸로 닦으랬니!"

"……."

"그리고 닦으려면 좀 깨끗이 닦아야지! 여긴 그냥 그대로 있잖

028

아! 하여간 못말려! 내가 못 살아⋯⋯."

그까짓 것 조금 흘렸기로서니, 그리고 그까짓 것 조금 잘 못 닦았기로서니, 왜 엄마는 저렇게 신경질이 나서 소리를 지르는 것일까? 아이는 자못 이해가 안 된다는 눈치다.

물론 아이가 이해하지 못하는 부분이 있기는 하다. 조금 전에 안방 화장실 비데를 고치러 사람이 왔다 갔다. '벌써 이게 몇 번째인가⋯⋯. 세 번씩 고치고도 그놈의 비데는 맨날 고장이 나서 잘 안 되니, 센서에 문제가 있다나, 무슨 놈의 센서가 그렇게 까다로운지⋯⋯.' 그래서 좀 짜증이 나 있었던 엄마였기에, 우유를 질질 흘린 아이에게 더 신경질이 났을 수도 있다.

그렇다고 해도, 그 작은 일에 큰 소리로 '바보' '멍청이'라는 말을 몇 번씩 하고, '대가리'니 '똥'이니 하는 저속하기 이를 데 없는 어휘를 그렇게 퍼부어야 했는가? 아이는 매우 마음이 상했다. 그러곤 방에서 꿈쩍 않고 앉아 있었다. 아이가 자기 방문을 닫고 있었던 것은 엄마가 켜 놓은 TV 소리가 시끄럽기도 해서였지만, 그 바탕에는 엄마의 심한 짜증에 대한 아이의 분노도 깔려 있었다. 잠시나마 엄마와의 단절을 통해 자신의 감정을 삭이기 위해 문을 닫고 앉아 있었던 것이다. 그때 다시금 거실에서 엄마의 혼잣말이 들려오기 시작했다.

"하여간 못 말려! 근데 왜 문은 처닫고 앉아 있는 거야! 그렇게 문을 꼭 닫고 뭐하려고 그러는 거야! 이 바보야! 문을 열어 놓아야 맞바람이 쳐서 시원하지. 그렇게 문을 닫아 놓고 있으면 바람이 통하냐! 하여간 이 집 식구들은 하나같이 어째 그러냐! 어째 그렇게 생각이 없냐! 도대체 머리통 속엔 뭣이 들어가 있길래 하는 짓마다 그렇게 바보 같냐!"

'그래! 그렇다! 우리 집에서 똑똑한 사람은 우리 엄마뿐이다. 우리 집에서 제대로 된 사람은 우리 엄마뿐이다. 아빠도, 나도, 그리고 내 동생도 모두 생각 없이 살고 있다. 우리 스스로는 그렇게 생각하고 있지 않지만, 똑똑한 우리 엄마의 눈에는 우리 모두가 바보인 것이다.'

아이는 짐짓 혼자서 이렇게 속으로 계속 중얼거리고 있을지도 모른다. '하긴 대가리 속에 똥만 들었느냐 하는 비난을 오늘 새삼 들었던 것은 결코 아니다. 내 기억으론 벌써 몇 년 전부터 늘상 들었던 이야기다. 학교나 학원에서 내준 숙제를 할 때도, 이따금 옆에서 지켜보던 엄마한테 수없이 들었었다. 그것이 공부였든 놀이였든 간에, 일상의 모든 일에서 나는 늘상 생각 없는 아이, 개념 없는 아이…… 머릿속에 똥만 들은 아이였던 것이다.'

03

부모가 하지 말아야 할 21가지 말

근데, 왜 교복은 입고 난리야!

- 대낮에 왜 커튼을 치고 불을 켜고 그러냐!
- 귓구녕으로 음악을 들으면서 공부가 되냐!
- 집에 공부할 방이 없어 독서실엘 가느냐?

일요일 아침이다. 온 식구가 비교적 늦잠을 잤다. 여느 때 같았으면 애들이고 어른이고 모두 서둘러 아침을 먹고 제각기 집을 나섰을 시간이다. 그래도 식구들 가운데 엄마가 제일 먼저 일어나 거실로 나왔다. 부엌엔 누가 벌써 일어났는지 불이 켜져 있다. 아무도 없기에 엄마는 아이들 방으로 가 봤다. 중학교에 다니는 아들 녀석은 아직 깊은 잠에 빠져 있고, 고등학교 1학년인 딸아이는 언제 일어났는지 벌써 교복을 말끔히 입고 책상에 앉아 있다.

"너 오늘도 학교에 가니?"

"아니요!"

"그럼 벌써 교회 가려고 그러냐?"

"아니요!"

"그럼 아무 데도 안 가는데 왜 교복을 입고 앉아서 그래?"

"그냥, 공부하려고요!"

"그냥 집에서 공부하려는데 교복을 입었단 말이지!"

"네! 근데 엄마! 왜 집에서 공부하는데 교복 입으면 안 돼요?"

"아니, 안 된다기보다 그 교복 세탁해야 되는데, 아니면 하루 이틀 더 입힐까 했는데, 네가 그걸 입고 앉았으니까 그렇지. 아니 집에서 공부하는데 왜 교복을 입고 난리야!"

"엄마안~ 무슨 말을 그렇게 해? 누가 난리를 폈다고 그래! 내가 언제 난리를 폈어? 엄만 내가 교복 입고 앉아 있는 게 싫으면 그냥 벗으라고 하지! 왜 그렇게 말해? 무슨 난리다 뭐다 하면서……."

"근데 애 좀 봐! 너 아침부터 엄마하고 말싸움 하자는 거야! 그냥 놔두면 하루 이틀 더 입을 수 있는데 왜 그걸 집에서까지 입고 더럽히는 거냐, 그 얘기인데……. 애가 뭐 어른 말에 이렇게 토를 달고 그래. 애가 이젠 아주 제법 대들어."

더 이상 얘기하지 않아도 우리 모두 짐작하겠지만, 두 사람은 아침부터 기분이 엉망이 되었다. 교복을 입었다고 해서 모녀간에 상처를 입히는 말이 계속 번갈아 오갔다.

"저는요, 엄마! 교복을 말끔히 입어서 좀 차분한 마음으로 책상에 앉아 공부하다가 이따 10시에 교회 갈려고 그랬던 거예요."

"얼씨구~ 니가 언제는 교복 안 입어서 차분한 마음으로 공부를 못한 거냐! 애, 남들은 교복 안 입어도 얼마든지 차분하게 앉아서 공부만 잘하더라……. 무슨 얼어 죽을 차분한 마음 타령이야!

032

그것도 뭐 평소에 공부나 열심히 하면서 그러면 내가 말을 안 해! 어쩌다 책상에 앉아서는 뭐~ 차분한 마음으로 공부하려고 교복을 입었다구? 교복이 웃겠다! 야!"

사실 엄밀히 따지고 보면, 딸아이의 말이 맞다. 의복이란 것은 원래 추위나 더위로부터 또는 여러 가지 외적인 상해로부터 자신을 보호하고 몸을 가리기 위한 목적만으로 입는 것은 아니다. 의복은 그 종류나 용도에 따라 사람의 행동에 매우 크게 영향을 미친다. 이를테면, 작업복 같은 아무 옷이나 입으면, 그만큼 행동은 '아무렇게나' 된다. 맨땅에도 펄썩 주저앉고, 아무 곳에나 걸터앉게 된다. 옷이 더러워질까 걱정도, 조심도 덜하게 된다. 그러나 깨끗한 정장 양복을 입으면, 사람들의 행동은 그 옷만큼이나 매우 점잖아진다. 젊은 남자들이 예비군복을 입었을 때와 양복정장을 입었을 때 하는 행동을 비교해 보면 쉽게 그 차이를 알 수 있다. 예비군복을 입으면 왜들 그러는지 그냥 아무 데고 가림 없이 앉는가 하면, 혹간엔 담배꽁초 같은 것도 아무데나 버리고, 무단횡단도 잘 한다. 그러나 그가 정장을 입으면 언제 그랬느냐는 듯이 행동이 매우 깔끔해지고 품위를 갖춘다. 물론 예비군복을 입었다고 해서 모든 사람이 그러는 것은 결코 아니다. 오해 없기를 바란다.

여기서 내가 강조하고자 하는 것은 사람은 누구나 독특한 개성을 지니고 있다는 것이다. 그리고 어떤 일을 할 때는 그 개성이 최대한 보장될 때 그만큼 높은 성취를 이룬다는 것이다. 이를테면, 주방에서 요리를 할 때 어떤 사람은 음악을, 그것도 잔잔한 클

래식 음악을 틀어 놓아야만 요리를 잘할 수 있는 사람이 있는가 하면, 반대로 어떤 사람은 매우 빠른 템포의 랩이나 록 음악을 들으면서 요리를 해야 잘하는 사람도 있다. 하긴 그것도 습성이라 하겠지만, 그런 습성이나 개성이 공부하는 데도 똑같이 나타나며 그만큼 중요한 것이다.

음악 이야기가 나왔으니까 말이지만, 요즈음 슈퍼 신세대 아이들은 참으로 음악을 좋아한다. 그것도 어떤 특별한 장르에 국한된 것이 아니다. 여러 장르의 음악을 즐긴다. 또한 그들에게 음악은 단순히 귀로만 듣는 음악이 아니라, 입으로 목청껏 노래하고, 다양한 몸짓으로 춤을 추고, 여러 가지 악기를 두드리고 튕기고 불어 대며 즐기는 것이다. 지하철에서 많은 젊은 신세대들을 보면, 그들은 그야말로 무슨 전신주 같은 모습을 하고 있다. 여러 가지 선들이 그들의 귀에서부터 목을 휘감고 있다. 그러면서도 무슨 시험이 있는지 쪽지 같은 것을 손에 펴들고 열심히 주문 외우듯 외운다. 그런가 하면, 정신을 꽤나 집중해야 할 듯이 보이는 영어, 수학 문제집을 들고 형광펜으로 줄을 그어 가면서 공부를 한다. 그런 아이들은 정말 제대로 공부하는 것일까? 이런 모습을 바라본 그 아이 엄마는 분명 한마디 했을 성싶다. "야! 귓구멍으로 음악을 들으면서 공부가 되냐! 공부를 할 거면 집중해서 해! 아니면 음악을 들으려면 음악이나 열심히 듣든지……."라고 말이다.

이야기가 좀 빗나가는 듯하지만, 여기서 생각이 나기에 한 가지 첨언해 두고 싶은 것은 요즘엔 동시에 여러 가지 일을 하는 사람들이 유능한(?) 사람인 듯싶다. 하긴 우리네도 그렇게 한다. 이를테면, 아침 식탁에서 밥을 먹으면서 신문을 보고, TV를 보면서 신문을 뒤적거리지 않는가? 헬스센터에서 트레드밀 위를 열심히 걸으면서 TV를 시청하지 않는가? 동시에 두 가지 일을 하는 때는 허다하다. 그러니 동시에 서너 가지 일을 하는 아이들을 찾아보는 일은 별로 어려운 일이 아닌 듯싶다.

이따금, 주말에 아이들은 집에서 공부하기보다는 독서실 같은 곳에 가길 원한다. 하긴 집 안이 더 조용할 수도 있다. 엄마, 아빠가 모두 외출하고 텅 빈 집 안, 게다가 자기만의 아늑한 공부방이 있는데, 거기서 혼자 조용히 공부하면 얼마나 좋겠는가 하는 것이 부모들의 생각이다. 그러나 아이들은 다르다. 집에서 혼자 공부를 하다 보면 쉽게 침대에 드러눕게 되고, 괜스레 부엌을 들락날락하면서 냉장고 문이나 열어 보고, 그래서 뭐 먹을 것이 있으면 꺼내 먹으면서, "그래, 이거 먹는 동안만 잠깐 TV를 보자. 1박2일이나 볼까? 아니면, 프로야구나 잠깐 볼까?" 하게 된다. 그러다 보면 이내 TV 앞에 오래 앉아 있게 되거나, 컴퓨터 게임에 시간 가는 줄 모르게 되는 것이다. 그런 것을 미연에 방지하기 위해, 말하자면 자신을 스스로 구속하기 위해 아이들은 독서실에 가려고 하는 것이다. 독서실에 가면 남들에게 "저 친구는 왜 저리 자주 들락날락하나?"라는 소리 들을까 봐 싫어도 지긋이 앉아 있어야 하고, 또 남들이 열심히 공부하는 걸 보면서 나도 열심히 해야겠다는 자극도 받으니까……. 그래서 아이들은 조용하고 편안한 내 공부방을 내버리고 옹색한 독서실을 찾는 것 아닌가. 혹자는 학교에서 자율학습으로 늦게까지 아이들을 가두어 놓는다(?)고 비판하기도 하고, 더욱이 "그것이 무슨 자율학습입니까? 타율학습이지."라고 비난하기도 하지만, 어떤 아이들은 그런 구속을 오히려 선호할 수도 있는 것이다.

아이들의 공부 습성은 모두 제각기 다르다. 결코 부모가 생각하는 자신의 예전 공부 습성이 꼭 옳고 좋은 것만은 아니다. 특히 어려서부터 공부를 잘했던 부모들이 자신의 공부 방식을 아이들에게 무조건 따르도록 하는 것은 결코 바람직하지 않다. 다른 습성들과 마찬가지로 공부 습성도 시간을 두고 자신도 모르게 자기에게만 독특한 모습으로 형성되는 것이다. 물론 처음부터 그런 습성을 보다 효율적인 바람직한 습성으로 키우도록 도움을 주어야하는 것은 지극히 당연하다. 또한 지금의 습성이 나쁘다면 그것을 고쳐야 하는 것도 지극히 당연한 이야기다. 그러나 지금 우리 아이의 공부 습성이 결코 그렇게 나쁜 것이 아니라면, 그것을 무리하게 고쳐서 어른들이 생각하는 모습으로 변화시켜 고착시키려고 할 필요는 없다. 아이가 스스로 자신의 습성을 보다 바람직하고 좋은 쪽으로 바꾸고 개발하며 만들어 나갈 수 있도록 도와주는 것이 바람직하다. 예부터 우리말에 '생긴 대로 논다'는 말이 있다. 이 말은 꽤나 부정적인 의미로 상대방을 비난할 때 쓰이는 경우가 많다. 하지만 긍정적으로 생각하면, 결국 자신의 개성대로, 자신만의 독특한 스타일대로 생각하고 행동한다는 의미이기도 하다. 아이들이 힘들어하고 못 견뎌 하는 것은 바로 아이들이 자기들 나름대로, 자기의 생긴 모습대로 행동하는 것을 부모들이 무조건 못마땅해하고 비난하며 금지하려고 한다는 점이다.

자녀의 자존의식을 높여 주라

　수년 전, 어느 연구기관에서 서울 시내 중학교 학생들 가운데 2,000여 명을 무작위로 표집하여 그들의 가치관과 의식을 조사한 적이 있었다. 그때 그들에게 제시된 여러 개의 설문 가운데 한 가지는 그들의 자존의식을 묻는 것이었다. 즉, "너는 지금 너 자신이 생각하기에 얼마만큼이나 이 땅에 존재할 가치가 있다고 생각하는가?"였다. 응답은 리커트Likert 형의 5단계 평정척도에 따라 하도록 되어 있었다. '매우 가치 있다'고 느끼면 ⑤, '대체로 가치 있다'면 ④, '그저 그렇다' 또는 '잘 모르겠다'면 ③, '대체로 가치를 느끼지 못하고 있다'면 ②, '전혀 가치를 느끼지 못하고 있다'면 ①에다 표하도록 되어 있었다.

　이때 나타난 결과를 보면, 5단계 평정에서 ④와 ⑤에 응답한 학생들은 전체 응답 학생들 중 27%에 불과했다. 그러니까 그 외의 73%의 학생들은 ①, ②, ③에 표함으로써 지금 이 땅에 존재할 가치를 느끼지 못하고 있는 것으로 나타났다.

물론 이 조사는 서울 시내의 일부 중학생만을 대상으로 한 것이기에 그 결과를 우리나라 모든 중학생, 모든 청소년에게 확대 적용하여 일반화시킬 수는 없다. 그럼에도 이 조사 결과는 그저 우연히 나타난 결과로 치부해 버리거나 무시해 버리기는 어렵지 않은가 하는 생각을 하게 만들었다.

사실, 우리가 거리에서 늘상 만나게 되는 수많은 청소년을 바라다보면, 그들은 매우 활기차 보이고, 긍정적이면서 적극적인 밝은 모습을 띠고 있다. 교복을 입고 몇 명씩 어울려 떠들면서 오가는 청소년들을 보면, 그들은 확실히 그들 나름대로 제법 뚜렷한

부모가 하지 말아야 할 21가지 말

주관을 갖고 있는 것 같고, 또한 나름대로 삶의 확고한 목표의식을 갖고 일상생활에서 매우 정진하고 있는 것으로 느껴진다. 특히 다양한 정보통신 매체에 무한히 노출되어 있는 시대를 살아가는 아이들은 그들의 부모 세대가 그 나이 또래였을 때보다 훨씬 영리하고 성숙해 보일 때도 있다.

그러나 그들의 내면세계를 파고들어가 보면, 우리는 앞에서 언급한 조사 결과가 그저 우연한 결과만은 아님을 쉽게 발견하게 된다. 많은 청소년이 자신의 현재의 삶에 대해서는 물론, 미래의 삶에 대해서 긍정적이지 못하다. 회의적이고 부정적으로 생각하는 경우가 많은 것이다. 세상에 태어나서 서너 살 때부터 이미 겪기 시작한 공부에 대한 압박감, 남들과의 경쟁에서 조금이라도 뒤처져서는 안 된다는 뿌리 깊은 심리적 부담감, 쌓이는 긴장과 스트레스를 어떻게 풀어야 할지 모르는 가운데 몸과 마음의 한구석에서 용솟음치는 끝없는 '젊음'의 분출 욕구, 결코 채워지지 않는 결핍과 부족에 대한 불만과 갈등, 이런 모든 것이 어우러져서 그들은 자신의 삶에 대하여 내면적으로 꽤나 부정적이고 회의적인 생각을 자신도 모르게 축적시켜 나가고 있는 것이다.

특히, 지금 우리네 청소년은 가정에서 부모로부터 엄청난 압박과 긴장을 경험하면서, 자존의식을 제대로 형성하지 못하거나 자존감을 상실하는 경우가 많음을 쉽게 발견할 수 있다. 예전의 부모들도 물론 자식에 대한 기대가 컸었다. 그러나 지금의 부모들이 자식에게 거는 기대는 그 성격이나 차원이 조금은 다른 것 같다.

지금의 30~40대 부모를 키운 세대들, 그러니까 현재 50대가 넘은 60~70대의 부모들은 예전에 그들이 젊었을 때 자녀들에게 무조건적인 기대를 걸지는 않았다. 어찌 보면 주어진 환경이나 조건에 맞춰 적정한 수준의 기대를 걸었던 것이다. 무조건적으로 자기 자녀가 모든 또래 중에 가장 뛰어나길 기대하지는 않았다. 또한 경쟁에서 모든 사람을 무조건 이겨야만 하는 것으로 생각하지도 않았다. 그런가 하면, 자녀가 한둘이 아니고 적어도 서넛 이상, 많게는 일고여덟까지 있었다. 그러다 보니 자녀에 대한 기대가 여러 자식들에게로 분산되었다. 한 명의 자녀가 부모의 모든 기대를 짊어지지 않아도 되었던 것이다.

그러나 지금의 젊은 부모들은 그렇지 않은 듯 보인다. 우선 자녀가 하나 아니면 많아야 둘이다 보니, 부모가 그 자녀에 대하여 그야말로 목숨을 걸고 덤비는 듯 보인다. 그러니 자연스럽게 아이들은 부모의 온갖 큰 기대를 혼자서 짊어지게 되고 만다. 게다가 부모들은 자신들의 성장과정을 기준으로 자식에 대한 기대 수준을 결정할 때가 많다. 이를테면, 자기는 옛날에 그토록 가난하고 어려운 환경에서도 스스로 노력해서 오늘날 이만큼이나 이루어 냈는데, 그것에 비하면 지금 자기 자녀는 남부럽지 않은 환경에서 그야말로 모든 것을 다 갖추어 주었는데 어찌 부모가 이룬 것 이상을 이루지 못하겠느냐 하는 경우가 많다. 그런가 하면 반대로, 지금 네 부모는 누가 도와주지도 않고 경제적으로 뒷받침해 주지도 않아서 결국 이 지경이 되었지만, 너는 부모가 그야말로 해 줄 수 있는 모든 뒷받침을 다 해 주는데 어째 이 지경이냐, 언제든지 너는 더 큰일을 해 낼 수 있는데 하는 식으로, 자신이 못다 이룬 것을 자녀를 통해 성취하려고 자녀에게 큰 기대를 거는 부모도 많다.

원래 기대가 크면 클수록 실망이 커지는 법 아니던가! 부모들은 작은 일에서든 큰일에서든 모든 일에서 자녀에게 자기들 나름의 기대를 설정해 놓는다. 그러곤 자녀가 그 기대 수준에 미치지 못하면 자녀를 비난하고 질책하게 된다. 또 기대 수준에 미치지 못하는 것이 이제 한계에 이르렀다고 생각하면, 즉 이제는 아무런 기대를 걸어 봐야 소용이 없겠다고 생각하면, 자녀의 존재가치를 통째로 무시하게 된다. 그러고 나서 자녀를 낳았다는 것 자체를 후회하고, 그 후회를 다양한 표현을 사용하여 자녀에게 퍼붓는다.

어른들이고 아이들이고 모두 마찬가지인 게, 세상에서 가장 견디기 어려운 것은 자신의 존재가 무시당할 때다. 사실 춥고 배고픈 것쯤은 얼마든지 이겨 낼 수 있다. 신체적 고통이 아무리 크다 해도 사람들은 그것을 곧잘 이겨 낸다. 그러나 사람이 가장 견디지 못하는 것은 타인으로부터 전해져 오는 자신에 대한 무시다. 누군가가 내게 이 땅에 너 같은 인간은 존재할 가치가 없다고 말하는 듯한 느낌을 주거나, 면전에서 그런 이야기를 직접 듣게 될 때, 사람들은 절망하게 된다. 물론 비슷한 나이 또래의 사람들 간에는 그런 이야기를 듣는 사람이 저항도 하고, 부정도 하고, 반박도 한다. 그러나 인간의 관계 지음에서 힘의 논리로 위아래가 정해져 있는 경우엔 조금 다르다. 이를테면, 직장 상사가 부하직원에게, 선생님이 학생에게, 부모가 자녀에게 존재를 무시하는 말과 행동을 내보일 때, 그들은 부정하거나 반박하기보다는 그것을 자신의 내면세계로 끌어들이고, 그 안에서 그것을 자신도 모르게 독버섯처럼 키우고 만다. 결국엔, 그들의 가슴속에 매우 큰 덩어리의 혹 같은 자아부정 의식이 자리 잡게 되는 것이다. 그리고 이러한 자존감의 상실은 그의 모든 생각과 행동에서 부정적인 결과를 낳도록 만든다. 또한 그것은 자아부정 의식을 더욱 강화시키고 마는 악순환으로 이어진다.

특히 가정에서 청소년 자녀들을 향한 부모의 사려 깊지 못한 존재부정의 비난과 경멸의 말들은 그들을 엄청나게 망가뜨리고 있음을 우리 부모들은 뼈저리게 깊이 생각해야 할 것이다. 단지 화가 나서 한마디 내뱉는 것이라고 하더라도 부모는 결코 그런 말을 쉽게 내뱉어서는 안 된다. 부부간에 아무리 화가 나서 싸우더라도 "우리 헤어지자."라는 말을 함부로 쉽게 내뱉어서는 안 되듯이 말이다. 부모는 아무리 그 순간을 참기 힘들다 하더라도, "너 같은 놈을 내가 세상에 낳았으니, 내가 미친년이지!" "널 낳고 내가 미역국을 먹었으니!" "너는 자식이 아니라 웬수야!" "너! 왜 사냐?"…… 자녀들의 존재와 인격을 통째로 무시하는 이런 말을 쉽게 내뱉어서는 안 된다. 아니, '어렵게' 라도 내뱉어서는 결코 안 된다.

자녀의 존재가치를 부정하고, 자녀의 인격을 통째로 무시하며, 자녀의 무용 내지는 불필요함까지 주장하는 부모들의 경우 왜 그러는지를 살펴보면 거의 대부분이 자녀의 공부와 관련이 있다. 즉, 자녀가 공부를 못하거나, 특히 다른 집 아이들과 비교해서 더 못하거나, 소위 남들이 말하는 명문 대학에 진학하지 못하거나, 아니면 명문은 고사하고 아무 데고 간에 대학에 입학하지 못하거나 하면 부모들은 온통 난리다. 자녀의 존재를 그냥 통째로 무시하고 욕하고 경멸하고 그런다.

　　공부를 못하는 것에 더해서 자녀가 다른 일로 부모 속을 썩이기 시작하면, 부모들의 자녀 무시는 극에 달한다. 공부는 고사하고 아이들과 떼지어 돌아다니면서 온갖 마음에 안 드는 짓을 하고 다녀 봐라. 어린 것이 담배나 피우며 술을 마시고, 남녀 아이들이 어울려서 민망스러운 짓거리를 하고 돌아다니고, PC방에 처박혀 게임이나 채팅을 하고, 집 안에서는 부모 몰래 어른들의 주민등록번호를 도용하여 야동이나 보고 앉아 있으면 부모들은 인내하지 못한다. 물론 그것이 지극히 당연한 반응이다. 사실 어떤 부모가 그런 자녀를 놓고 한없이 인내하면서 자녀 사랑을 외쳐 댈 수 있겠는가? 폭주족인 자녀에 대해서 한계에 부딪힌 부모가 '우리 아이가 오늘도 안전하게 오토바이를 타다가 살아서만 돌아오게 해 주세요.' 하는 기도를 하기보다는, '저 웬수는 왜 사고가 나서 죽지도 않는가!' '귀신은 뭐하고 저런 놈은 안 잡아가는가!' 하는 생각을 한다고 하여 누가 그 부모를 비난할 수 있겠는가?

그럼에도 나는 그런 부모들에게 우선은 다음과 같은 이야기를 하게 되는 것은 내가 교육학자라서일까? 왜 아이가 그 지경에까지 이르게 되었는가? 아이가 그렇게 될 때까지 그동안 부모는 무엇을 했는가 하고 부모에게 먼저 질문을 던질 수밖에 없는 것이다. 혹시나 그 모든 것의 출발점은 공부가 아니었을까? 그저 앞뒤 가림 없이 어려서부터 무조건 공부, 공부, 공부를 잘해야 한다, 1등 해야 된다 하면서 학원으로 낮밤 구별 없이 몰아세웠던 것은 아닌가! 그동안 아이들의 마음을 헤아려 주는 따뜻한 대화와 설득을 얼마나 인내심을 갖고 해 왔는가? 세상에서 그릇된 모든 일에는 다 그만큼의 원인이 있는 법이다. 또 세상에서 나름대로 성공을 거두는 사람들은 다 그들만의 노력으로 점철된 깊은 고통의 삶이 그동안 있어 왔기 때문 아니던가.

"엄마, 고구마 쪘구나! 나 고구마 하나 먹을까?" 학교에서 집에 돌아온 중학교 1학년 아이는 집 안에서 나는 고구마 찐 냄새에 식욕을 느꼈다. 그러나 그때 엄마에게서 들려온 한마디는 아이의 가슴에 비수를 꽂는다. "고구마를 먹겠다고? 미친놈 같으니라고. 공부는 못하는 게 어떻게 쳐먹을 궁리는 그렇게 잘하냐? 공부를 그렇게 해 봐라! 이 자식아! 고구마 같은 소리하고 자빠졌네! 고구마고 뭐고 꼴 보기 싫어! 내 눈앞에서 없어져! 너, 그게 성적이라고 내미는 거냐! 그래, 그렇게 학원을 보내고 별짓 다 했는데 그게 점수냐! 그래서 이다음에 무슨 대학을 가겠냐! 너 따위는 처음서부터 아예 학교를 보내지 말았어야 해! 공사판이나 나가서 지게에 돌을 나르든지……."

고구마 하나 먹겠다고 던진 한마디가 이처럼 긴 비난의 반향으로 되돌아올 것을 아이는 짐작도 못했을 것이다. 더욱이 그 반향이 듣기 좋은 메아리가 아니라, 그야말로 아이의 존재를 부정하는 온갖 최악의 언어로 점철되어 자신의 가슴을 갈기갈기 찢을 줄이야 알았겠는가? 미리 알았으면 고구마 하나 먹어 보겠다는 소리는 하지 않았을 것이다. 그런 이야기를 아무런 저항도 못하고 일방적으로 들은 아이는 방 안에 들어가서 이를 악물고 공부를 할까? 내가 다시는 저런 이야기를 엄마한테 안 들으려면 공부밖에 없다, 공부를 잘해서 보란 듯이 엄마에게 좋은 성적표를 내보이겠다고 다짐하고 앉아 있을까? 아니면, 컴퓨터를 켜고 여기저기를 들락날락할까? 아니면, 그냥 뛰쳐나가서 비슷한 친구를 불러내서 이리저리 쏘다니기 시작하면서 쌓인 분노의 감정을 추슬러 보려고 애쓸까?…… 더욱이 그런 비난을 오랜만에 혹은 처음 들은 것이 아니라, 집에서 식탁에만 앉으면 허구한 날 듣는다고 하면 아이는 무엇을 느끼고 어떻게 행동하게 될까?

이 땅의 모든 존재는 다 쓰임새가 있어 태어났다고 성경에도 쓰여 있다. 굳이 성경을 드리대지 않아도 이 땅의 모든 존재는 그것이 인간이든 미물이든, 그저 보통의 사물이든 모두가 제각기 나름대로의 존재가치가 있어 태어나고 만들어진 것 아닐까? 자녀는 하나님께서 부모에게 주신 최대의 축복이고 선물이라는 데 이의를 달 사람은 결코 없으리라고 생각한다. 그런데 왜 그 축복의 선물이 그토록 골칫거리로, 웬수덩어리로 바뀌는 것일까? 어린아이가 세상에 태어나는 순간부터 그 존재가치를 무시당하는 경우는 거의 없을 성싶다. 대부분의 경우, 세상에 태어나는 그 순간부터 자녀는 부모에게 얼마나 큰 환희와 감동을 느끼게 해 주었던가? 그리고 그 아이가 성장하면서 얼마나 큰 기쁨을 부모에게 선사했던가? 누워있다 뒤집기 시작하면서, 그러다가 기고, 기다가 일어서서 걷기 시작하면서, 부모와 눈을 맞추고, 웃음을 짓고, 옹알거리고, 부모가 요구하는 대로 온갖 행동을 따라하면서 재롱을 펼 때 부모는 얼마나 가슴속에 깊은 희열과 기쁨을 느꼈었는가? 적어도 네다섯 살까지 아이들은 부모에게 그러한 기쁨의 원천이 되어주었다. 그러다가 아이들이 '세상'으로 걸음을 내딛기 시작하면서부터 그들은 부모에게 고뇌의 원천이 되고 분노의 근원이 되고 만다. 어찌 보면, 아이들은 부모에게 평생 하게 될 효도의 대부분을 세상에 태어나서 서너 살이 되기까지의 시간 동안 다 한 것이 아닌가 생각한다. 그리고 그다음부터는 부모에게 짐이 되고 부담이 되고 그러는 것이 정상 아니겠는가? 사실 따지고 보면, 자녀로 인한 '짐'이나 '부담'은 부모가 보다 열심히 살아야 하는 삶의 원동력이 되었던 것 아닌가? 그렇게 생각하면, 자녀의 존재는 부모에게 엄청난 축복인 것을 쉽게 이해할 수 있을 성싶다. 결국 자녀는 어떠한 경우에도 부모에게 웬수덩어리일 수가 없는 것이다. 그렇기에 우리는 그동안 자녀들에게 쉽게(?) 내뱉었던 우리의 언어폭력을 이제는 더 이상 하지 않았으면 좋겠다. 자녀의 인격을 무시하거나 자녀의 존재를 부정하는 말들을 이제는 이렇게 한번 바꾸어 보면 어떨까?

- "넌, 우리 집의 보물이야!"
- "엄마는, 아빠는 너를 우리 집에 보내 주신 하나님께 항상 감사하고 있단다."
- "네가 있어 우린 정말 모두가 행복하다!"
- "그때 그냥 저걸 낳았으니 망정이지. 그때 안 낳았더라면 어떻게 할 뻔 했수?"
- "너는 어디까지나 너야!"
- "남들이 뭐라고 하든 너는 너 나름대로 하면 돼!"
- "엄마, 아빠는 이 세상에서 네가 최고라고 생각해!"
- "너는 이 세상의 그 어떤 것하고도 바꿀 수 없어!"

자녀를 재촉하거나
몰아세우지 말라

부모가 하지 말아야 할 21가지 말

04 야! 이제 그만 떠들고
들어가 공부해!

- 넌 웬 궁둥이가 그렇게 무겁냐?
- 넌 엄마가 암말 안 하면 그냥 밤새고 그렇게 앉아 TV나 볼
  거였지?
- 하여간 너는 어쩜 그렇게 공부하라고 해야만 하냐?
- 공부를 누가 시켜서 하냐! 니가 알아서 해야지!
- 아주 나도 이젠 지겨워! 공부하라는 소리도 지겨워!

　　초중등 학생들을 면담하면서 아이들로부터 들은 이야기다. 아이들은 온종일 세 가지 방송만 일방적으로 듣고 산다고 한다. 학교에 가면 선생님 방송을 듣고, 학원에 가도 선생님의 일방적인 방송만 듣고, 또 집에 오면 북한 방송만 듣는다고 한다. 북한 방송이라니? 똑같은 여자가 맨날 똑같은 옷을 입고, 똑같은 목소리로 힘주어 말하는 것이 북한 방송의 여자 아나운서와 똑같다는 것이다. 이것은 바로 엄마를 두고 하는 이야기들이다. 이 말에 나는 우스갯소리로 엄마들에게 "제발 아이들 앞에서 옷이라도 좀 바꿔 입으세요."라고 말하기도 했다.

　사실 따지고 보면, 아이들 말이 맞다. 어른들은 어디에서나 아이들이 그저 어른들의 이야기를 듣도록 강요한다. 아이들이 떠들 수 있는 기회는 그네들끼리 만났을 때를 빼곤 거의 없다. 학교에 가도 수업시간에 선생님은 아이들에게 무한히 조용할 것을 강요한다. "야! 떠들지 마! 조용히 하라고 했다! 너, 김민철! 계속 떠들 거야! 조용히 해!" 칠판에 판서를 하던 선생님은 판서를 하면서도 뒤에 앉은 학생들에게 야단을 친다. "너희들 조용히 하라고 했어! 선생님은 누가 떠드는지 다 알아! 선생님은 뒤에도 눈 있

부모가 하지 말아야 할 21가지 말

어!" 이 세상에 뒤에도 눈이 달린 사람은 우리네 학교 선생님들뿐일 것이다.

사실 때에 따라 곳에 따라, 또 어른이고 아이고 간에 조용해야 할 경우가 많다. 어찌 보면 우리나라 사람들은 좀 시끄러운 편인 것 같은 느낌을 받을 때가 많다. 좁은 엘리베이터 안에서도 동승한 사람들을 아랑곳하지 않고 자기들끼리 큰 소리로 떠들고, 버스나 전철, 비행기나 기차 안에서도 큰 소리로 깔깔대고 웃고 떠들고……. 정말 일일이 예를 들지 않아도 우리나라 사람은 그저 서너 명만 모이면 위세를 과시하듯 큰 소리로 떠드는 사람들이 많다. 어찌 보면 아이들에게 조용히 하는 습성을 키워야할 필요도 있는 것 같다.

그러나 반대로, 아이들이 떠들어야 할 때 마음껏 자유롭게 떠들 수 있도록 하는 것도 매우 중요하다. 특히 교실에서 수업할 때 선생님 혼자서 내내 떠드는 것은 바람직하지 못하다. 학생들도 선생님과 함께 말을 주고받으면서 떠들 수 있어야 한다. 그것이 토론이 되었든, 질문과 응답이 되었든 간에 교실은 너무 조용해도 문제다. 물론 수업에 방해가 되는 학생들끼리의 소곤거림이나 장난에 가깝게 떠드는 것은 결코 허락될 수 없다.

아이들이 좀 떠들 수 있도록이 글에서 자꾸 '떠든다'고 하니까 좀 부정적으로 들릴 독자도 있겠지만 어른들이 오히려 부추기고, 그들이 떠드는 것을 들어주는 것이 여러 가지 측면에서 교육적으로 바람직하다. 아이들은 떠드는 와중에 서로 간에 이해의 폭을 넓혀 공감대를 형성하고,

또한 그 과정에서 사고력과 문제해결력도 키우는 것이다. 그런가 하면, 아이들은 떠드는 가운데서 긴장을 해소하고, 스트레스를 풀며, 미처 생각하지 못했던 일들도 생각해 내게 된다. 흔히 여자들이 모여 앉으면 수다나 떤다고 하면서 좀 부정적인 시선으로 쳐다보는 사람들이 있는데, 여자들의 '수다'는 그저 시간을 때우기 위한 쓸데없는 짓거리가 결코 아니다. 수다를 통해서 여자들은 서로 교감하고 이해하게 되며, 자신의 문제를 비추어 생각해 보게 되고, 정보를 얻고, 스트레스를 풀고…… 장점이 꽤나 많다.

아이들도 그런 수다를 집 안에서 하게 된다. 형제간에 모여 앉으면 서로 '수다'를 떨면서 이런저런 이야기를 한다. 때로는 아이들이 부모에게 이런저런 이야기를 하기도 한다. 저녁식사를 끝낸 초등학교 5학년 사내아이가 엄마, 아빠와 함께 텔레비전을 보면서 또는 과일을 먹으면서 신나게 떠든다. 자기네 반 아이들이 어쩌고저쩌고, 어떤 아이가 얼마나 웃겼는지 모른다는 둥, 자기네 학원에 다니는 어떤 아이가 어떻게 해서 어떻게 되었다든지…… 주절주절 너스레를 떨기도 한다. 물론 처음에는 부모들이 그런 아이의 이야기를 재미있게 듣기 시작한다. 그러나 그것은 그리 오래 가지 않는다. 몇 분간 듣고 있던 엄마는 아이의 그런 이야기들이 모두 쓸잘 데 없는 소리라는 판단을 하게 된다. 그리고 그렇게 앉아 떠드는 시간이 매우 아깝다는 생각이 든다. 그러곤 그 시간에 방에 들어가서 문제집을 풀었으면 벌써 몇 문제나 풀었을 텐데 저러고 앉아 떠들고 있는 것이 몹시 꼴 보기 싫어지기 시작한다. 이

쯤에서 더 꼴 보기 싫은 것은, 아이와 무슨 대화를 하려는 건지, 아이의 그런 쓸데없는 말에 맞장구를 쳐 주면서 질문도 하고, 고개도 끄덕이고, 큰 소리로 웃어 대면서 같이 떠드는 남편의 모습이다. 이제는 더 이상 견디기 어려웠는지 이내 엄마는 아이한테 소리를 지른다.

"너! 이제 그만 떠들고 들어가 공부해!"

"무슨 말이 그렇게 많으냐!"

"그저 부자가 똑같아! 똑같이 앉아 시시덕거리고……."

"들어 봤자 전부 쓸데없는 얘기구만."

"너 숙제는 다 해 놓고 떠드는 거야!"

"하여간 넌 말이 너무 많아서 탈이야……." 등등

아이는 정말 쓸데없는 이야기를 하는 걸까? 만약 엄마가 그 아이를 방으로 쫓아 들여보내지 않았다면, 아이는 한 시간이고 두 시간이고 그렇게 앉아 계속 떠들었을까? 어느 정도 떠들다가 아이가 자발적으로 일어나 방으로 들어가서 공부를 하는 일은 결코 일어나지 않을까?

형제가 앉아서 개그콘서트 같은 코미디 프로그램을 보면서 깔깔대며 웃고 있다. 저만치서 엄마가 째려보는 시선을 아이들도 웬만큼은 다 느끼고 있다. 중학생인 형은 속으로 생각하기를, '저 달인 코너만 끝나면 그만 보고 들어가서 공부해야지! 계속 보고 있다간 엄마한테 또 듣기 싫은 소리 들을 테니간…….' 자기가 좋아하는 개그맨 김병만이 하는 코너이므로 그 코너만 끝나면 들어가려고 하는 것이다. 그리고 형 옆에서 함께 텔레비전을 보던 초등학교 5학년 동생은 속으로 이렇게 생각하고 있었다. '난 형이 일어나면 같이 일어날 거야! 형 볼 때까지만 나도 텔레비전을 볼 거야…….' 그러니까 형제는 앞으로 길어 봤자 10분 이내에 모두 자발적으로 일어나서 방으로 들어가 공부할 것이었다. 그런데 문제는 그동안 내내 아이들을 지켜보면서 화를 짓누르던 엄마의 분노가 그 10분을 못 참고 결국 폭발한 것이다!

"야! 너희들 정말 못 봐주겠다! 너희들 아주 텔레비전에 미쳤구나! 무슨 텔레비전을 몇 시간째 보고 앉았냐! 그게 코미디냐! 그게 그렇게 재미있냐! 텔레비전을 없애 버리든가 해야지……. 냉큼 못 들어가! 니네들 그러면 앞으로 텔레비전 정말 못 보게 할 거야……."

계속 이어지는 엄마의 비난은 아이들이 방 안으로 들어갔는데도 거실을 가득 채운다. 그러곤 아이들이 듣든 말든 엄마의 자조적 협박이 이어진다.

"너희들 하여간 계속 그러기만 해 봐! 휴대폰도 뺏을 거고, 컴퓨터도 못하게 할 거고, 텔레비전도 아예 없애 버릴 거고……."

그렇게 해서 방 안으로 쫓겨 들어간 아이들은 어떤 느낌으로 책상에 앉아 있을까? 우리가 조금만 보고 일찍 방으로 들어왔어야 했는데, 생각이 모자라서 그러고 앉아 있다가 결국 야단맞은 게 아니겠는가! 앞으로는 정말 그런 일이 생기지 않도록 조심해야 하겠다. 이젠 텔레비전을 아예 보지 않도록 해야 하겠다……. 이런 식으로 아이들은 반성을 하면서 형제간에 새로운 다짐을 주고받으며 앉아 있을까? 그리고 엄마의 그 지독한(?) 비난을 가슴속에서 녹여 버리고 주의를 집중해서 공부를 할까?

아니면 반대로, 아이들은 씩씩거리면서 엄마에 대한 섭섭함을 큰 소리로 떠들지 못하고 그저 마음속으로만 혼자서 삭이고 있을까? "그깟 텔레비전 조금 봤기로서니, 엄마는 하여간 우리만 보면 공부, 공부! 난리야! 우리가 잠시 잠깐이라도 그냥 앉아 있는 꼴을 못 봐! 뭐 우리가 얼마나 오래 봤다고. 겨우 10분이나 봤을까! 그리고 사람이 어떻게 온종일 공부만 하냐! 우리도 사람인데 뭐! 엄마는 그럼 온종일 텔레비전 안 보고 일만 하나! 자기들은 연속극이라는 연속극은 아침, 저녁, 낮이고 밤이고 구별 없이 다 보면서……. 어쩌다 못 보면 그거 뭐야, 지나간 것 돈 천 원 주고 다시 보기 하는 거, 그런 거 설치해 놓고 또 보고 하면서……."

아이들은 분을 삭이지 못하고 계속 씩씩거린다. 공부가 되질 않는다. 책이 눈에 들어오질 않는다. 그냥 책상 서랍을 열고 닫으면서 몸을 비틀고 앉아 있다. 마음은 아직도 텔레비전에 가 있고, 그 장면에서 그 사람이 어떻게 했을까가 더 궁금한 것이다.

그러나 엄마들은 아이가 그렇게 하면서 앉아 있을 거라고는 생각하지 않는가 싶다. 쫓아 들여보내 놓았으니 공부를 열심히 하고 있을 거라고 생각할 것이다. 그리고 아이들을 쫓아 들여보내고 나니 속이 다 시원하다고 느끼는 모양이다. 이제 엄마는 텔레비전 채널을 혼자서 마음껏 돌리는 자유를 만끽하고 있다.

O5 너, 방에 들어간 게 언젠데 아직도 그러고 앉았냐?

- 하여튼 못 말려! 책상에 앉았다고 다 공부가 되나!
- 주의를 집중해서 해야지!
- 한 가지를 해도 좀 열심히 해 봐!
- 그래 가지고 네깐 놈이 무슨 공부를 한다고!
- 그저 코나 후비고 앉아서……
- 볼펜은 맨날 왜 끄집어내서 심지를 빼 보나!
- 너, 볼펜 장사 할라고 그러냐!

어느 집의 저녁 풍경이다. 모처럼 아빠가 일찍 들어오셔서 세 식구가 즐겁게 저녁을 먹었다. 그러곤 세 사람은 거실로 옮겨 앉아 후식으로 과일을 먹으면서 텔레비전을 보고 있었다. 중학교에 다니는 아들은 이왕 보는 거라면 다른 채널을 틀고 싶었지만, 아빠가 보시는 바람에 그냥 함께 그 방송을 보고 있었다. 그러자 아니나 다를까 엄마의 '방송'이 시작되었다.

"너, 언제까지 그러고 앉아 있을 거니? 너, 엄마가 암말 안 하면 마냥 그러고 앉아 있으려고 하지? 하여간 넌 못 말려. 지금 네가 그러고 앉아 있을 때냐? 너도 생각 좀 해라. 너 지금 몇 학년이야? 너 금방 중3이야! 어떻게 하려고 그러니! 남들은 지금 어떻게 하고 있는 줄 알아! 들어가! 이 녀석아! 들어가서 공부해! 너, 학원에서 숙제 내준 것 했어?"

아들은 엄마의 방송 도중 후다닥 일어서서 방으로 들어가 버렸다. 아이가 방으로 들어간 지 30여 분이 흘렀을까. 부엌에서 설거지를 끝낸 엄마가 텔레비전을 보면서 거실에 앉아 있는 아빠에게 말을 건넨다.

"당신, 텔레비전 소리 좀 낮추면 안 돼요? 아이는 공부하러 들어갔는데……. 그냥 그렇게 텔레비전을 왕왕 거리게 틀어 놓고 앉아 있으니…… 참……. 좀 가서 씻기라도 해요! 그러다가 또 그냥 자고 그러지 말고……. 근데 쟤는 들어가서 공부하고 있는 건가? 왜 이렇게 조용하지……. 당신이 좀 가 봐요! 애가 뭐하고 앉아 있는지. 또 책상에 엎드려서 졸고 있는 거 아닌가?"

"아~이, 참. 그냥 좀 놔둬요! 들어갔으면 공부하고 있겠지! 무슨 공부를 뭐, 소리 내고 하나! 놔둬!"

"아냐! 당신이 좀 가 봐. 가서 가만히 문틈으로 들여다봐! 뭐하고 있나. 분명 자고 있는 게 틀림없어!"

"거~참! 그냥 좀 놔두라니깐……."

그러자 엄마는 자기가 직접 가 볼 요량으로 아이 방으로 한 발자국 떼어 놓더니만 다시금 돌아서서는 안방으로 갔다. 그러곤 양말을 신는다. 그냥 맨발로 걸어가면 발자국 소리가 나니까 살그머니 가기 위해서 양말을 신은 것이다. 그리고 엄마는 아이의 방문

손잡이를 돌려 틈새가 조금 생기자 아이의 방을 들여다본다. 아이는 책상에 앉아 있었다. 하지만 아이는 볼펜 심지를 꺼내 들고서는 천정 형광등을 향해 높이 쳐들고 들여다보고 있었다. 그러다가는 종이 위에 볼펜을 찍찍 그어 보더니, 다시금 볼펜 심지를 꺼내 또 형광 불빛에 비추어 보기를 반복하지 않는가! 엄마는 더 이상 못 참겠다는 듯이 아이 방문을 확 열어젖히고는 다시금 아이를 향해 '방송'을 시작했다.

"야! 너 지금 뭐하고 있는 거냐! 너, 방에 들어간 지가 언제야! 너 아직까지 책도 펴놓지 않고 지금 뭐하는 거냐고? 왜 볼펜을 꺼내 들고 불빛에 비추어 보고 그러느냐고! 공부를 하려면 좀 집중을 해서 해야지! 그냥 책상에 앉아 있다고 공부를 하는 거냐! 단 10분을 해도 집중을 해서 하라고, 이 녀석아!"

엄마의 방송이 계속되자, 아이가 더 이상 못 참겠다는 듯 이번에는 오히려 엄마에게 큰 소리로 대응한다.

"아니, 근데 엄마는 왜 남의 방을 엿보고 그래요! 깜짝 놀랐잖아! 노크 좀 하고 들어오면 안 돼?"

"뭐? 노크? 니가 뭐 대단하다고 노크까지 하고 들어오니? 엄마가 아들 방 들어오는데 뭐 아들 허락 맞고 들어와야 되는 거냐! 미친놈 같으니라고……. 이게 어디서 엄마 앞에서 큰 소리 치는 거야! 뭘 잘했다고 큰 소리를 치고 그래!"

"아~씨~참~."

"너 지금 뭐라고 했어! 엄마한테 욕했지? 아~씨라니~ 뭐가 아

부모가 하지 말아야 할 21가지 말

~씨야!"

"욕한거 아니에요! 그냥 감탄사예요……."

"감탄사? 뭐가 감탄할 만한 일인데? 너 감탄사가 뭔지는 알고 말하는 거냐!"

모자간에 언쟁이 점점 격해지자, 거실에 앉아 있던 아버지가 다가와서 두 사람을 말린다.

"자~ 자~ 그만해! 거 당신은 왜 괜스레 공부하는 아이 방에 들어와서 그래요! 아무렴은 애가 엄마한테 욕을 하겠어! 그리고 명수 너! 너도 엄마가 뭐라고 말씀하시면 그냥 네 하고 조용히 듣지, 너 왜 엄마한테 덤벼!"

"아니, 엄마가 노크도 없이 그냥 별안간 들어오니깐 놀랐잖아요!"

"시끄러! 너, 그만 말하랬지!"

이렇게 해서 모자간의 싸움은 끝났다. 그리고 그 불똥은 아이 아빠에게로 튀었다. 약이 잔뜩 오른 엄마는 아빠를 붙들고 시비를 건다. 아빠는 양말을 벗어서 여기 한 짝 저기 한 짝 아무 데나 던져 놓았다고 야단을 맞기 시작했다. 그날 저녁, 집안 분위기는 그야말로 엉망이 되고 말았다. 별일도 아닌 데서 망가진 집안 분위기. 누가 무엇을 잘못했기에 이렇게 됐을까?

사실 아이는 방에 들어가서 공부하려는 참이었다. 그러나 누구든 공부하러 들어갔을 때, 특히 하기 싫은 공부를 하러 들어갔을 때, 책상에 앉자마자 책을 펴놓고 공부를 시작하는 경우는 거

부모가 하지 말아야 할 21가지 말

의 드물다. 그것은 어른들도 마찬가지다. 예컨대, 엄마가 하기 싫은 저녁식사 준비를 하러 부엌으로 갔을 때, 부엌에 들어서자마자 밥 짓기를 시작하는 경우는 드물다. 우선 엄마는 행주를 집어 들고는 싱크대 옆을 이리저리 훔치면서 그냥 혼잣말로 중얼댄다. "아이구~, 나 같으면 저녁 안 먹어도 되겠구먼, 그냥 떡이나 한 조각 먹어도 되겠구먼, 뭘 해 먹이지……. 장도 안 보았는데. 비는 온종일 질척거리면서 내리고……. 귀찮아 죽겠네. 아니 오늘따라 일찍 들어와서는 밥 타령이야! 내 얼굴에 뭐 밥이라고 쓰여 있나. 나만 보면 밥, 밥, 밥 달라고 하니……." 이런 식으로 중얼거림이 끝나면, 싱크대 옆에 나와 있던 식칼을 칼꽂이에 꽂는다. 물론 그때도 속으로는 '칼을 누가 뭐하느라고 꺼내 썼지! 썼으면 제자리에 꽂아 두던지 하지.' 하는 머릿속 잔소리를 이어 가면서 말이다. 그런 구시렁거림이 끝나고 나면, 그제서야 엄마는 밥 짓기를 본격적으로 시작한다.

그런 식의 행동은 아이들이 하기 싫은 공부를 할 때도 똑같이 나타난다. 책상에 앉은 아이는 우선 코부터 후벼 파서 코딱지는 책상 밑에 붙이든가, 손가락 끝에 놓고 탁 튕겨 버리든가 하면서 궁시렁거리기 시작한다. "이 책은 대체 누가 왜 빼놓았어! 근데 이 책이 어디 꽂혀 있었더라……." 그러다가 아이는 이번엔 책상 서랍을 열고 뒤적거린다. 굳이 뭘 찾으려고 뒤적거리는 것이 아니라 그냥 열어 본 것이다. 첫 번째 서랍을 열었다가는 그냥 닫고, 두 번째 서랍을 열었더니 볼펜 하나가 눈에 들어왔다. 아이는 그 볼펜을 꺼내 들었다. 끈이 달린 두툼한 볼펜인데, 아이에겐 낯선 것이었다. 아이는 생각에 잠긴다. "가만 있어 봐! 이 볼펜 어디서 났더라……. 내가 돈 주고 산 것 같지는 않은데……. 아! 맞아! 맞아! 그때 우리 반이 소풍 갔을 때, 그 절 입구 무슨 토산품점에서 샀지! 맞아! 벌써 1년이 다 된 것 아닌가?"

그러면서 아이는 볼펜이 아직도 잘 나오는지 알아보기 위해 종이 위에다 이리저리 원을 그리면서 써 보았다. 그런데 볼펜 잉크가 나오다 안 나오다 하는 것 아닌가? 그래서 아이는 심지를 뺐다. 잉크가 다 말랐는지 확인하려고. 그런데 잘 안 보이니까 높이 쳐들고 형광 불빛에 비추어 보기 시작한 것이다. "잉크가 남아 있기는 한데 왜 안 나오지?" 하면서 아이는 다시금 종이 위에 찍찍 그어 보기를 몇 차례, 이번엔 다시금 볼펜 심지를 꺼내 손바닥 사이에 놓고 비벼 보았다. 그러곤 다시금 형광 불빛에 비추어 보기 시작했다. 엄마가 방문을 탁 열어젖히고 아이의 방으로 들어온 것은 바로 그 순간이었다.

엄마가 그때 방문을 확 열어젖히지 않고 아이를 그냥 내버려 둔 채 계속 문틈 사이로 들여다보았으면, 아이의 행동은 어떻게 바뀌었을까? 분명 이랬을 성싶다. 계속 볼펜을 갖고 나오나 안 나오나 시험해 보던 아이는 결국 결론을 내린다. "너무 오래되서 잉크가 다 말라 버렸나 보네. 못 쓰겠네……." 하고는 그 볼펜을 쓰레기통에 버리고 계속 서랍을 뒤적거린다. 그러다가 마지막 세 번째 서랍도 열어 본다. 예쁜 카드가 한 장 눈에 띄었다. "이건 뭐지?

아, 그거구나. 작년 성탄절 때, 내가 좋아하던 여자아이에게 선물과 함께 전해 주려고 샀던 카드인데…… 그때 못 주었지……. 사연이 길지."

잠시 생각에 잠겼던 아이는 이제 더 이상 궁시렁거릴 일이 없는 듯싶다. 드디어 곧추 앉아 학원에서 내준 문제집을 꺼내서 펼쳤다. 그러곤 볼펜을 손가락 사이에 끼고서는 좌우로 돌려 가면서 문제를 들여다보기 시작한다. 드디어 공부가 시작된 것이다. 정확히 따지면 방에 들어간 지 26분이 지나서야 시작된 것이다. 좀 길게 뜸을 들이긴 했어도, 아이는 드디어 스스로 공부에 집중하기 시작한 것이다. 그러니까 엄마가 아이의 방문 틈새로 들여다볼 때는 아이가 방에 들어간 지 20분쯤 지나서였다. 엄마가 그냥 6분만 더 참아 주었더라면, 아이는 기분 좋게 스스로 공부를 시작했을 것이고, 또 아이 아빠도 양말을 아무 데나 벗어 던졌다고 야단을 맞지 않았을 성싶다. 그냥 조금만 인내하면 모든 일이 잘되었을 터인데……. 새도 하늘을 날려면 퍼덕거릴 시간이 좀 필요하다는 것을 엄마도 알 터인데…….

06 부모가 하지 말아야 할 21가지 말

넌 무슨 서론이 그렇게 기냐?
요점만 말해!

- 꾸물대지 말고 빨리 말해, 엄마 바빠!
- 넌 맨날 꾸물대다가 세월 다 놓쳐!
- 하여간에 버벅대기는, 왜 그러냐?
- 네가 그렇게 버벅거리니까 남들이 널 우습게 보지!

　밤 11시가 다 되었다. 학원에서 돌아온 고등학교 1학년 아이는 몹시 피곤한 듯, 제 방에 들어가서는 침대에 펄썩 엎드렸다. 그러자 뒤따라 들어온 엄마는 아이를 달래서 일으켜 세우려 한다. "배고프니?" "뭣 좀 먹을래?" "뭐 시원한 주스라도 만들어 주랴?" "내일은 주일이니깐 하루 좀 푹 쉬어라." 등 이런저런 이야기를 하면서 아이를 다독거리지만 아이는 아무런 대답이 없다. 그러자 엄마는 토마토 주스 한 잔을 만들어서 다시금 아이 방으로 왔다. 그러곤 오늘은 대충하고 일찍 자라고 한다. 그런데 바로 그때, 아빠가 아들을 부르는 소리가 모자의 귓가에 시끄럽게(?) 들려왔다. 뭔가 기분이 안 좋으신 것 같다. 아들을 부르는 소리에 그런 느낌이 함께 실려 왔다.

"너, 이리 와서 앉아 봐!"

"네!"

아이보다는 아이의 엄마가 더 긴장하는 눈치였다. 몹시 피곤해하는 아이한테 이 양반이 무슨 얘기를 하려고 저러시나, 뭐 아이가 잘못한 것도 없는 것 같은데…….

"여보! 애한테 무슨 얘기 하실려고요?"

"아냐! 별 얘기 아냐! 당신은 가만히 있어! 아니, 당신도 같이 앉아 봐! ……음 ……야! 너, 고2 되면 인문계와 자연계로 반을 나눈다고 하지 않았냐?"

"네, 다음 주 월요일에 써 내야 돼요!"

"다음 주 월요일이라니? 그럼 내일모레 아냐!"

"네."

"근데 왜 아직도 내게 아무 말 안 하는 거냐! 내일모레인데, 응?"

"저번에 엄마하고 얘기했는데요."

"엄마하고 뭘 얘기했어! 뭘 했다는 거야!"

"근데 왜 당신은 짜증을 내요?"

"누가 무슨 짜증을 내?"

"아니, 당신 자꾸 언성이 높아지잖아요. 지금 밤 11시가 넘었는데…… 옆집에서도 들리겠어요!"

"아니, 뭐, 누가 언성을 높였다고 그래! 당신은 내가 무슨 말만 하면 언성 높인다고 그러지 마! 참, 니가 그래서 엄마하고 뭘 얘기했어?"

"그냥 인문계 가기로 했어요!"

"인문계? 왜 인문계라고 정했어?"

"여보! 뭘 그렇게 따져요! 그냥 내가 인문계 가라고 했어요. 아무래도 인문계가 폭이 넓잖아요!"

"참, 나 원. 그게 그렇게 단순한 문제가 아냐! 그냥 뭐 무턱대고 정할 일이 아냐! 어디 그래, 니가 말해 봐! 왜 인문계로 하는 게 좋은지 말이야!"

"그게, 근데 아빠! 그냥 지금은 인문계라고 해 놓고서는요, 근데, 나중에 또…… 근데…….."

아이는 말을 더듬는다. 피곤한 탓도 있겠지만, 아빠의 눈빛이 부드럽지 못한 데서 오는 긴장감이 아이를 더듬거리게 만들었다. 나름대로의 생각은 있었다. 엄마하고 제법 긴 이야기를 하면서 생각하고 결정했었던 일이다. 자신의 진로, 앞으로 평생 하고 싶은 일, 직장, 적성, 좋아하는 과목들 그리고 성적…… 등등 이것저것 고려해서 인문계라고 정했던 것이다. 자기 생각엔 아빠는 늘 바쁘시니까 엄마와 얘기한 것이고, 또 엄마하고 얘기하면 엄마가 아빠에게 다 얘기할 줄 알았는데 엄마가 미처 이야기를 못하셨는지……. 하여간 아이는 자신의 생각을 언제고 아빠에게 말씀드리려 했다. 그런데 아빠가 갑자기 소리 지르면서 불러내 앉혀 놓고는 심문하듯 따지니까 아이가 버벅거리기 시작한 것이다. 그러나 아빠는 아들의 그런 버벅거림을 그냥 참지 못하였다.

"야! 뭘 그렇게 꾸물거려! 꾸물대지 말고 똑바로 말해 봐! 사람 눈을 쳐다보고 말하는 거야! 날 쳐다보고 말해! 그래, 왜 인문계를 선택하기로 했다는 거야!"

"그냥, 제가요…… 성적도 그렇고…… 또 제 적성이, 뭐 그냥……."

"야! 뭐가 그냥이야! 야, 그놈의 그냥 소리 좀 집어치우고, 왜 인문계를 선택했는지 조목조목 요점만 말하라구!"

"우선은, 그냥 제가…… 첫째는……."

"아이구 답답해!! 또 그냥이야, 그냥…… 그냥 뭐가 첫째란 말이야!"

"당신은 근데 왜 애를 자꾸 쥐어박으면서 몰아 붙여요!"

"뭐라고? 누가 쥐어박았다고 그래? 당신은 왜 애를 감싸기만 하는 거야!"

"뭘 감싼다고 그래요! 그렇지 않아요. 지금 당신이 하는 것이, 아니, 애가 무슨 말을 하려고 하는데 당신이 자꾸 재촉하니깐 애가 말을 잘 못하잖아요."

"그게 다 확고한 신념이 없어서 그런 거야! 아니, 자기 인생이 걸린 갈림길에 서 있는 것인데, 그게 분명하게 머릿속에 정리가 되어 있어야 할 거 아냐! 왜 나는 인문계를 가려고 하는지 말야……."

"아이구~ 당신은 그래 그렇게 맨날 머릿속에 확고한 정리를 잘하셔서 접때도, 그래 그곳엘 그냥 따라가셨우?"

이야기는 이제 부부간의 언쟁으로 비화하기 시작했다. 아이는 휑하니 일어나 자기 방으로 들어가 버렸다. 아빠는 아이 뒷모습에다 소리를 지른다.

"저 녀석 봐라! 야! 너 얘기도 안 끝났는데……. 저놈이 이 애비를 아주 무시하는 것 아냐!"

아빠의 씩씩거림이 그날 밤 온통 아이 엄마에게로 옮겨 붙었다. 그러곤 안방으로 들어간 두 사람의 이야기는 한동안 시끄럽게 (?) 메아리쳐서 아이의 방으로 들려왔다.

무엇이 문제였을까? 아이들이 정말 듣기 싫어하고 들을 때마다 곤혹스러워하는 것의 한 가지가 재촉하는 어른들의 말이다. 만약에 이날 저녁, 아빠가 다른 식으로 아이와 대화를 시작하였다면 상황이 어떻게 바뀌었을까? 좀 여유를 갖고 천천히 조용하게, 그리고 부드럽게 말이다.

"얘야, 저번에 내가 들으니까 너 뭐 계열 선택을 해야 한다고 하지 않았냐? 그래, 그동안 뭐 생각 좀 해 봤니? 아, 나도 좀 생각해 봤는데…… 네가 좀 피곤은 하겠지만 내일은 주일이니까 늦게까지 잘 생각하고…… 지금 얘기 좀 하면 안 되겠니……?"

"네!"

"그래, 어떻게 생각했니? 어느 쪽을 선택하려고 하는데?"

"그그저께 엄마하고도 의논했고요. 또 선생님하고도 면담했는데요……. 우선 잠정적으로 인문계로 정했어요. 나중에 바꿀 수 있는 기회가 있다고도 해요. 그런데 일단은 인문계로 정했어요. 그건 우선 제가 수학이나 과학은 상대적으로 잘 못하잖아요!"

아이는 차근차근 설명을 시작한다. 다소 더듬거리고 버벅거리기도 했지만, 또 별안간 대답하려니까 조목조목 논리적으로 말하기가 어려웠지만, 그래도 머릿속의 생각을 정리하면서 천천히 자기 생각과 결정을 이야기하기 시작했을 것이다.

흔히 부모들은 그네들의 기준으로 아이들을 바라본다. 일반적으로 어른과 아이의 차이 중 하나는 속도의 차이다. 어떤 일에서는 어른이 아이보다 몹시 빠르고 어떤 일에서는 오히려 아이가 어른보다 빠르다. 그러나 어른들은 대체로 아이들에게 무슨 일에서든지 빠르게 할 것을 기대하고 요구한다. 특히 말이 그렇다. 아이들이 무슨 얘길 하려고 하면, 그것을 끝까지 인내하며 듣지 못한다. 서론이 왜 그렇게 기냐고 다그친다. 결론만 말하라고 한다. 요점만 말하라고 한다. 형용사나 부사가 많이 동원되는 것도 싫어한다. 명료하게 이야기하길 기대하는 것이다. 그렇게 꾸물대고 버벅거리다가는 남들과의 경쟁에서 뒤쳐진다고 생각한다. 그래서 항상 남보다 빨리 모든 것을 하기를 기대한다.

그러나 엄격히 따지면, 아이가 버벅거리거나 꾸물대는 시간이 길었던 것은 결코 아니다. 무슨 말을 하든, 무슨 일을 하든 그 정도의 '뜸'은 필요한 것이다. 또한 그런 '뜸'들이는 시간은 오히려 실수를 예방하기 위해 필요한 일이기도 하다. 아이가 뜸을 들인 시간이 결코 길었던 것이 아니라 그것을 참지 못했던 부모의 인내의 시간, 기다림의 시간이 너무 짧았던 것이다. 부모의 생각으로는 자기들이 꽤나 인내심을 갖고 오래 기다려 준 것 같지만, 아이의 편에서 보면 그것은 결코 오랜 기다림이 아니었다. 아이들은 용수철이 아니다. 건들기만 하면 튀어나오는 것이 아니다. 우린 그런 현상을 교실 수업에서도 본다. 교사가 학생에게 질문을 던지면, 교사는 아이들이 용수철 튀어나오듯이 즉각 대답하기를 기대한다. 아이들은 생각을 정리하느라 좀 꾸물(?)거리지만, 교사가 그것을 인내하지 못하고 야단을 치거나 응답하는 기회를 다른 학생에게 넘겨 버린다. 그런 선생님은 결코 잘 가르치는 선생님이 아니다. 교사이든 부모이든 간에, 아이들에게 꾸물거린다고, 버벅거린다고 야단쳐서 아이들을 망가뜨리지 말고, 오히려 어른들이 좀 꾸물대면서(?) 아이들을 기다려 주어야 할 성싶다.

자녀의 자발성을 키워 주라

사람이 어떤 일을 할 때는 반드시 어떤 동기가 있게 마련이다. 즉, 그 일을 하게 만드는 어떤 힘의 작용이 있는 것이다. 그런데 이때 그 힘의 작용은 두 가지 방향성을 갖고 있다. 하나는 그 사람 내부에서 생겨나는 것이고, 다른 하나는 그 사람 밖에서 그 사람에게 다가오는 것이다. 여기서 흔히 전자를 내면적 동기라 부르고, 후자를 외면적 동기라 부른다.

내면적 동기의 경우는 동기 형성의 주체가 자기 자신이 되는 것이고, 반면에 외면적 동기는 자기 이외의 다른 사람이나 다른 일, 사물이 주체가 되어 동기를 형성하는 것이다. 이를테면, 내가 운동을 하고 싶어서, 혹은 건강해지고 싶어서 어느 토요일에 등산을 하러 갔다면, 그것은 내면적 동기로 한 행동이다. 그런데 똑같은 등산이라도, 사실 나는 집에서 그냥 쉬고 싶었는데 직장의 상사가 전화해서 자기와 등산이나 가자고 하기에 거절할 수 없어 마지못해 등산을 갔다 왔다면, 그것은 외면적 동기로 한 행동이다.

쉽게 말해서, 우리는 어떤 일을 할 때 기꺼이 할 때가 있는가 하면, 마지못해 할 때가 있는 것이다.

그렇다면, 이 두 가지 동기 형성 중에 어느 쪽이 더 바람직하겠는가? 두말할 나위도 없이 내면적 동기 형성이 더 바람직하다. 많은 연구 결과에 따르면, 내면적으로 동기가 형성되면, 외면적으로 동기가 형성되는 것보다 그 일을 하는 사람의 행동이 보다 적극적이고 창의적이며, 그래서 결과적으로 좋은 결과를 얻게 된다는 것이 공통된 견해다. 반면에, 외면적으로 동기가 형성되면, 그러니까 하기 싫어서 하는 일이거나 하기 싫은데도 어쩔 수 없이 해야만 되는 경우라면, 그 사람은 그 일을 하는 데 그만큼 소극적이고 온갖 힘을 쏟아붓지도 않게 되며, 그래서 결과적으로 생산성은 떨어지고 기대했거나 목표한 만큼의 성과를 거두지 못하게 되는 경우가 발생한다.

공부에서도 마찬가지다. 내면적으로 동기가 형성되면, 외면적으로 동기가 유발되어 마지못해 공부하는 경우보다 훨씬 좋은 학업성과를 거두게 된다. 똑같은 한 시간을 공부했어도 그 결과는 크게 차이가 나게 마련이다.

아이가 자신의 내면적 동기 형성을 통해 공부하는 경우, 아이의 행동은 시작부터 사뭇 다르다. 이 아이는 왜 자신이 공부를 해야만 하는가에 대한 의미와 가치를 분명히 느끼고 있다. 그렇기에 다른 어떤 일보다 공부를 우선순위에 올려놓는다. 그러고 나서 공부의 목표를 분명히 세운다. 어디까지 얼마만큼 성취해야 하는가 하는 목표를 스스로 분명하게 느끼고 세운다. 그다음엔 그런 목표를 성취하기 위한 구체적인 계획을 스스로 세운다. 대체로 공부 잘하는 아이들은 계획을 매우 효율적으로 잘 세운다. 무조건 턱없이 높은 목표를 세우거나 무리한 일정을 짜지 않는다. 그렇다고 마냥 늘어지게 짜지도 않는다. 자기 스스로 적정한 도전을 느낄 수 있을 만큼의 목표와 추진 과정을 계획한다.

그렇게 계획을 세운 다음, 아이들은 그 공부를 하루하루 자기 스스로 시작해 나간다. 결코 누가 하라고 해서 하는 공부가 아니라, 자기 스스로 알아서 시작하는 것이다. 그리고 누가 어느 시간에 무엇을 한다고 해도 결코 흔들림이 없다. 그는 자기의 속도대로 자기의 계획에 따라 차근차근 공부를 해 나간다. 그렇게 일정 기간 공부를 하고 난 후 자기가 목표하고 계획한 공부를 끝내고 나면, 자기 자신의 공부에 대하여 스스로 평가를 한다. 내가 정말 계획대로 열심히 잘 했는가, 부족한 것은 무엇인가, 목표한 만큼 잘 성취했는가…… 그 과정과 결과 모두를 자기 스스로 평가한다.

여기서 중요한 세 가지가 있다. 대체로 공부를 자발적으로 내면적 동기에 따라 잘하는 아이들은 이 세 가지 특성을 갖춘 아이들이다.

첫째, 자발적인 내면적 동기가 강한 아이들은 자기가 공부한 것에 대한 평가에서 매우 냉정하다. 즉, 자신에 대한 평가가 매우 엄격하다. 웬만해서는 자기 자신에 대하여 후한 점수를 주지 않는다. 이를테면, 시계로는 두 시간 공부했더라도 자기가 스스로 평가하기에는 한 시간 반밖에 안 했다고 평가한다. '너, 한 30분 정도는 잡생각 하고 머무적거리지 않았느냐!' 하는 식의 냉정한 평가를 하는 것이다. 대체로 이런 아이들은 시험을 보고 난 다음에도 집에 와서 엄마가 몇 개 틀렸냐고 물으면 매우 냉정하게 말한다. 즉, 맞았는지 틀렸는지 긴가민가한 게 두 개이고 확실히 틀린 게 세 개라면, 아이는 다섯 개를 틀렸을 것이라고 냉정한 평가를 내린다. 공부 못하는 아이들일수록 자기 자신에 대해서 후한 평가를 내린다. 이를테면, 앞에서처럼 맞았는지 틀렸는지 긴가민가한 게 두 개고 확실히 틀린 게 세 개라면, 세 개밖에 안 틀렸다고 말한다. 긴가민가한 것은 모두 맞은 것으로 후하게 평가한다. 그런데 이런 현상은 어른들도 마찬가지다. 골프를 치고 나서 어느 홀에서 뭐 쳤느냐 물으면, 내면적 동기가 아주 강한 사람들은 자기 자신에 대해서 엄격하게 말한다. "더블보기 한 것이나 마찬가지야!" "아냐! 그거 아까 오케이 주었잖아. 그러니까 보기한 셈이야!" "아니라니까…… 그렇게 긴 걸 어떻게 오케이 받냐!"

둘째, 자발적인 내면적 동기가 강한 아이들은 일의 잘잘못, 특히 잘못한 경우에는 그 책임을 자기 자신에게 돌린다. 이를테면, 시험을 보고 온 아이의 기분이 안 좋아 보인다. 다섯 개씩이나 틀렸다고 한다. 왜 그렇게 많이 틀렸느냐고 물었더니 아이는 이렇게 대답한다. "제가 시험공부를 잘못했어요. 그런 것은 안 나올 줄 알았어요." 이런 식으로 자신에게 책임을 돌린다. 그러나 공부를 못하는 아이들일수록 책임을 자기가 아닌 다른 사람이나 다른 현상으로 귀인시킨다. 예컨대, "엄마! 우리 선생님은 되게 이상하다. 막 안 배운 것도 시험에 낸다." "엄마! 나 스팀 소리 때문에 시험 못 봤어……." "엄마! 나 아침에 먹은 우유가 잘못됐나 봐. 배 아파서 시험을 잘 못 봤어." 식으로 핑계가 많다. 결국, 자기 자신은 나무랄 것이 없다는 것이다.

셋째, 자발적인 내면적 동기가 강한 아이들은 평가 결과에 따른 보상을 자기 자신에게 스스로 한다. 결과가 좋으면 자기 자신에게 말한다. "수고했어. 하루쯤은 푹 쉬어도 좋아. 산에나 하루 갔다 오렴." 하는 식으로 말이다. 반대로 결과가 나쁘면 자기 자신을 엄청 질책한다. 심지어 징벌도 내린다. "너! 앞으로 당분간 컴퓨터 게임 절대 못해! 하여간 다음 번 시험 때까지 안 돼……." 하는 식으로 자기통제와 관리가 분명하다.

자발적인 내면적 동기가 강한 아이들은 이처럼 자기가 스스로 계획을 세워 공부해 온 것에 대한 평가에서, 그 결과를 결코 그냥 무시하지 않는다. 그것을 다시금 다음 번의 계획 수립에 꼭 반영한다. 말하자면, 환류를 잘 시키는 것이다. 다시 계획을 세울 때 무슨 과목에 시간을 더 써야 하는지, 학교 공부와 학원 과외를 어떻게 잘 관계시켜 조화를 이루어 내야 하는지 등…… 여러 가지를 반영하게 된다.

이렇듯 내면적인 동기 형성을 갖는 사람들은 자발성이 강하다. 결코 누가 시켜서 어떤 일을 하거나 하지 않거나 그러질 않는다. 자기 스스로 하고 싶어서 하는 경우에는 그만큼 창의성도 높아진다. 창의력을 발휘할 수 있게 되는 것이다. 하고 싶어서 하는 일이기 때문에 계획을 세울 때부터 여러 가지 다양한 궁리가 샘솟는다. 심리적인 압박을 느끼지도 않는다. 마음속에 그만큼의 여유가 생기고 자신감도 생긴다.

반대로, 외면적으로 동기가 형성되면 그것은 곧 긴장과 스트레스를 함께 가져다준다. 심리적인 압박을 느끼게 된다. 그리고 이러한 심리적 압박은 곧 사람의 몸을 조이고, 더불어 생각이나 느낌도 옥죈다. 사고의 폭이 좁아지고 깊이도 낮아진다. 창의적인 발상도 어려워진다. 심리적으로 쫓기면 평소에 쉽게 생각나는 것도 생각이 안 나게 된다. 어른들도 일상에서 그런 경험을 하지 않던가? 남편이 별안간에 아내에게 자기 인감도장을 내놓으라고 하면, 아내는 그것을 어디에 넣어 두었는지 얼른 생각이 안 나서 꺼내 주지 못하고 당황하지 않던가! "아니, 이 여자가 인감도장을 어디다 내버린 거야! 아, 빨리 찾아봐!" 하고 남편이 소리라도 쳐대면 더 못 찾지 않던가?

이렇듯 아이들에게 외부로부터 가해지는 외면적 동기 형성의 폐해를 막으려면, 그리고 아이들의 자발적인 내면적 동기 형성이 이루어지도록 하려면, 최우선적으로 부모가 해 주어야 할 한 가지 최선의 행동은 인내하고 기다려 주는 것이다. 결코 재촉하지 말고 몰아세우지 않는 것이다. 나는 이렇게까지 말하기도 한다. "우리네 부모가 단 1분만 참아 주어도 아이들의 성장은 크게 달라진다." 조금만 참아 주면, 조금만 참고 기다리면 아이들은 스스로 자발적으로 공부한다. 방에 들어가 책상에 앉은 아이가 처음에 서랍을 여닫으며 몸과 마음을 추스릴 때도 그냥 모른 채 기다려 주는 것이 좋다. 또 거실에서 마냥 텔레비전을 보고 있는 아이에게도 엄마, 아빠는 기다려 주라. 아이들이 무슨 이야기를 할 때 처음에 좀 더듬거리고 버벅거려도 그냥 기다려 주라. 여섯 살 먹은 아이에게 옷 입고 엄마하고 나가자 했을 때도 아이가 옷을 입을 때까지 기다려 주라. 밥 먹을 때도 빨리 먹어라, 이것 먹어라, 저것 먹어라 하기보다는 아이가 스스로 밥을 먹도록 분위기를 만들며 기다려 주라.

교실 수업에서 이루어진 한 실험의 결과, 교사가 학생에게 질문을 던진 다음 학생의 응답을 기다리는 시간을 불과 몇 초만 연장시켜 주어도 학생들의 응답 길이가 길어지고, 또 그만큼 생각하는 능력도 높아졌다고 한다.

아이들의 자발성을 키워 주는 데 있어 부모가 신경 써야 할 또 한 가지는 아이들이 부모가 시키는 대로 모든 것을 따라 하도록 만들어서는 안 된다는 것이다. 흔히 엄마들이, 때로는 많은 아빠들도 아이들의 자발적인 내면적 동기 형성을 처음부터 아예 꺾어 버리는 말을 하는 경우가 있다. 이를테면 다음과 같이 말하는 경우다.

"잔소리하지 말고 엄마가 시키는 대로 해!"

"네깐 놈이 뭘 안다고, 한심한 놈, 시키는 것이나 제대로 해!"

"넌 하여튼 간에 시키지 않는 짓은 꽤나 잘해요!"

"쥐뿔나게 뭘 네 나름대로 해 본다는 거냐?"

"그저 남들 하는 대로 해!"

"가만히 있으면 중간이나 가지!"

"개 같은 소리 작작하고, 어서 엄마가 시키는 대로 안 할 거야!"

이러한 말들 외에도 부모가 자녀의 내면적 자발성에 찬물을 끼얹는 말에는 여러 가지가 있다. 일일이 모두 열거하지 않아도, 부모들이 무심결에 내뱉는 말을 유심히 들어 보면 그것을 쉽게 발견할 수 있다.

언제나 그러한 부모들의 말은 "모두 다 널 위해서 그런다." "어느 부모가 자식을 망치려 하겠는가?" "다 너 잘되라고 하는 얘기야."와 같은 말로 그 당위성을 전제한다. 부모들이 자녀를 꽤나 사랑해서 하는 이야기처럼 들린다. 하지만 좀 더 냉정하게 생각해 보면, 그런 말들은 실상은 자식을 위한 것이라기보다는 이기적인 부모들의 욕심에서 비롯된 것이라고 생각한다.

부모들은 자녀들로 인해서 피곤해지기 싫어한다. 자녀들 때문에 속이 썩고, 자녀들 때문에 골치 아픈 일에 끼어들고, 자녀들 때문에 괴로워하고, 자녀들 때문에 시간을 뺏기는 것을 싫어한다. '무자식이 상팔자'라고 했던가. 자식은 어차피 골치 아픈 존재인 바, 어떻게 해서든지 아이들이 부모를 덜 골치 아프게만 해 준다면 바랄 게 없다는 자세다. 왜 자녀가 공부를 잘하길 바라는가? 물론 자녀를 위해서다. 그러면서도 한편으로는 자녀가 공부를 잘해

082

야 부모의 심신이 편해지기 때문이다. 또 자녀가 공부를 잘하면 그만큼 목에 힘을 줄 수 있기 때문이다. 왜 자녀가 제멋대로 행동하기보다는 그저 부모가 시키는 대로 행동하길 바라는가? 부모가 원하는 대로, 시키는 대로 할 때 부모의 마음이 편하기 때문이다. 결과를 예측할 수 있어 마음이 편하고, 또 그런 행동 방식에 부모가 익숙해져 있어 스스로도 편하기 때문이다. 무슨 자발성이니, 창의성이니 하면서 아이가 예측하기 어려운 방향으로 행동하면, 엄마는 그만큼 불안해지고 힘들어지는 법이다. 그래서 많은 부모가 자기네 아이가 그저 남들 하는 대로 따라 하거나, 또는 자기들이 그려 놓은 대로, 예상하는 대로 그렇게 시키는 대로 따라 하길 바라는 것이다.

거듭 반복해서 하는 이야기이지만, 부모들이 좀 더 인내심을 가지고 아이들의 생각과 행동을 기다려 주는 가운데 아이들의 자발성을 키워 주었으면 좋겠다. 결코 부모가 시켜서 하는 공부가 아니라, 스스로 공부의 의미를 알고, 그래서 공부를 해야만 되겠다는 생각을 자발적으로 해서 시작하는 공부가 되면 좋겠다. 그저 바쁘게 서둘러 몰아세우고 재촉해서 되는 것이 아니다. 수학 문제를 풀 때도 옆에서 지켜보면서 빨리 풀라고 재촉하면 결코 잘 풀릴 수 없음을 왜 모르는가?

남자 공중화장실 같은 곳에서 사람이 밀려 있을 때, 뒤에 서 있는 사람은 앞사람이 일을 끝내길 그저 조용히 기다려야 앞사람이 편안하게 소변을 보지 않던가? 뒤에 서서 조용히 기다리지 못하고 지퍼를 올렸다 내렸다 하거나, 발을 동동 구르거나, '아휴' 하면서 못 참겠다는 소리를 내면서 재촉하고 몰아세우면 앞사람이 결코 편하게 일을 마칠 수 없음을 많은 사람이 경험했을 성싶다. 아이들에게도 마찬가지다. 성화를 부리고 재촉할 때마다 아이들은 그런 부모에게 적개심을 느끼고, 분노를 느끼며, 또 그것은 자기 자신에 대한 분노로 메아리쳐 돌아올 때가 많다. 그러니 부모들은 이제부터 우리 아이들에게 그런 말을 안 했으면 좋겠다. 아이들을 재촉하거나 몰아세우는 말 대신에, 그들이 여유를 즐길 수 있도록 다음과 같은 말로 바꾸어 나가면 어떻겠는가?

- "천천히 해! 급할 것 없어!"
- "천천히 여유를 갖고 생각해 가면서 말하렴."
- "급하게 그럴 필요 없어! 누가 뒤에서 쫓아 오냐!"
- "엄마가 기다릴게, 걱정 마! 엄마에게 있는 것은 시간뿐이라고!"
- "공부고 뭐고 간에 무슨 일을 할 적엔 다 워밍업이 필요한 법이야."
- "텔레비전 적당히 보고 들어가서 공부를 하든 네 마음대로 해!"

자녀에게
절망하지 말고
포기하지 말라

07 너도 이다음에 꼭
너 같은 새끼 한번 낳아 보렴

> • 너 죽고 나 죽자.
> • 네 엄마 죽었어. 앞으로 엄마 찾지 마.
> • 나, 네 엄마 아니야. 네 엄마 그만 할래.
> • 자식이고 뭐고 다 필요 없어.
> • 호적에서 파낼 게다.

30년 넘게 학생들을 가르치면서 늘 체험했지만, 교실의 수업 분위기는 전적으로 선생님이 어떻게 행동하느냐에 달려 있다. 선생님이 열정적이고 활기차 있으면, 그 교실의 수업 분위기도 열정적이고 활기가 넘친다. 그러나 교사가 지극히 냉정하고_{요즘 아이들} _{표현대로 쿨하고} 사무적이면, 그 교실의 수업 분위기도 차갑고 기계적으로 바뀐다.

옛날에는 우리네 가정에서 집안 분위기 형성의 주체는 아버지였다. 아버지가 밖에서 무슨 일로 화가 나서 집에 들어오시면 온 식구가 긴장한다. 아버지가 기분이 좋으시면 온 식구가 기분이 좋다. 그런데 요즈음은 좀 바뀐 것 같다. 아버지보다는 엄마가 집안 분위기 형성의 결정적 주체가 되는 듯싶다. 엄마가 매우 신이 나 있고 활기가 넘치면, 그 집 아이들 모두 신이 나 있고 명랑하고 씩 씩하다. 그리고 아빠 역시 기분이 쾌활해지고 집에 일찍 들어오고 싶을 만큼 신이 난다. 그러나 엄마가 우울하고 처져 있으면, 어딘 지 모르게 그 집 아이들은 침울해 보이고 희망이 없어 보이며 소 극적인 모습으로 바뀐다. 그리고 아빠 역시 일할 맛이 안 나고 집 에 일찍 들어가고 싶은 생각이 안 난다.

어느 봄날이었다. 봄이라고는 하지만 아직도 겨울의 찬 기운 이 떠나기 싫은 듯 남아 있어 쌀쌀한 날이었다. 게다가 하늘은 잔 뜩 흐리고 바람까지 부니, 마음까지 스산하다. 초등학교 5학년인 여자아이는 학교에서 수업이 끝나자 이내 학원에 가서 영어회화 공부를 마치고 서둘러 집에 돌아왔다. 엄마는 동창모임이 있어 좀 늦을 거라는 문자 메시지를 남긴 채 외출 중이었다. 집 안은 텅 비어 있고, 아직 어두워지기 전인데도 날씨 탓인지 몹시 어두워 서 혼자 있기 싫은 분위기다. 엄마가 간식거리를 식탁 위에 차려 놓고 나가셨다. 골무떡 몇 개에 사과 몇 쪽을 깎아 비닐 랩으로 씌 워 놓으셨다. 아이는 그것을 좀 먹다가는 이내 라면이 끓여 먹고 싶어졌다. 그때 중학교에 다니는 오빠가 집에 들어왔다. 자기도 라면을 먹겠다면서 동생에게 라면 두 개를 끓이라고 한다. 동생 은 어설픈 솜씨지만 라면을 제법 잘 끓여 냈다. 남매는 훌쩍거리 면서 라면을 끓여 먹은 후 각자 방으로 들어갔다. 공부를 하는지 게임을 하는지 모르지만 각자 방 안에 들어가서 조용히 있었다.

090

그러길 한 시간쯤 지났을까, 엄마가 들어오는 소리가 났다. 아파트 현관에 들어서는 엄마는 신발을 벗으면서 이내 소리 지르기 시작한다.

"야! 너희들 신발을 가지런히 좀 못 벗어 놔! 응? 여기 한 짝 저기 한 짝 내던져 벗어 놓고! 내가 그랬지! 제발 좀 신발을 벗으면 신발장에 넣으라고. 그냥 식구마다 신발을 몇 켤레씩 벗어 놓으니까 맨날 현관이 쓰레기장 같잖아!"

엄마의 괴성에 가까운 신경질에 아이들이 방에서 튀어나왔다. 그리고 무슨 큰 죄라도 지은 듯이 아이들은 서로를 쳐다보았고, '모든 게 네 탓이다.' 라고 속으로 이야기하는 듯 보였다.

그러나 엄마의 꾸중(?)은 거기서 멈추질 않았다.

"너희들, 라면 끓여 먹었어? 엄마가 라면 먹지 말랬지! 엄마가 떡하고 사과 까 놓은 거 못 봤어? 응? ……그리고 라면을 끓여 먹었으면 냄비 하나 싱크대에 못 갖다 넣니? ……그냥 줄줄 흘리고 식탁이 엉망이잖아. ……그리고 라면 먹는 데 숟가락은 왜 나와 있어! 또 양말은, 이것들아, 벗으면 좀 빨래통에다 못 집어다 넣냐! 그냥 여기 한 짝 저기 한 짝 벗어 던져 놓고……. 하여간 못 말려! 아니 식구는 넷밖에 안 되는데 웬 컵은 있는 대로 모두 나와 돌아다니는 거야. 물 한 모금 먹을 때마다 이 컵 저 컵 써서 쭉 내놓고……."

아이들은 엄마의 계속되는 꾸중에 아무 대답도 못하고 그냥 서 있다. 오빠는 자기 방으로 들어가 버렸고, 동생인 여자아이 혼

자 다소곳이 엄마 옆에 그냥 서 있다. 그러자 엄마는 그 아이를 향해 계속 사설을 읊는다.

"이 기집애야! 넌 기집애가 되같고 그래! 이것 봐라, 이게 사람 신경질 나게 되지 않았니! 아니, 어째 그러냐. 정말 너희들 못 말려! 그리고 신문은 누가 여기다 펼쳐 놓았니?"

"몰라요……."

"모르긴, 네 아빠가 그랬겠지! 하여튼 이 집안 식구들은 모두 어지르는 데 선수야! 어쩜은 기집애고 사내새끼고, 그렇게 네 아빠를 빼닮았냐? 아무리 피는 못 속인다고 해도……."

"……."

"그리고 참, 너 학원은 갔다 왔어? 영어회화 하는 거, 무슨 대회에 나간다고 했잖아!"

"내일모레예요."

"스토리텔링 하는 거 다 외웠어?"

"아직 다 못 외웠어요……."

"아니 그럼 언제 다 외울 거야! 내일모레라면서, 그 따위로 하려면 다 때려 쳐! 학원은 백날 다니면 무슨 소용 있냐. 뭐 학원에 다니기만 하면 되는 줄 아나! 이 기집애야! 정신차려……."

엄마의 신경질이 가득 찬 꾸중은 끝이 나질 않는다. 결국 아이는 슬그머니 자기 방으로 들어가 버렸다. 창밖은 이내 어두워졌다. 창밖 저 너머로 남산타워의 불빛이 초라하게 보인다. 그리고 아이도 끝없이 초라해지는 기분을 느낀다. 재미가 없다. 그렇지 않아도 사춘기가 시작된 듯한 아이는 세상 모든 게 싫어지는 그런 기분에 휩싸이기 시작했다. 그때 엄마의 큰 소리는 아이의 가슴에 비수가 되어 다가온다.

"자식이고 뭐고 다 필요 없어! 내가 지겨워 못 살아! 내가 죽든 너희들이 죽든 해야지! 정말 미쳐, 내가 미쳐! ……너희들도 하여간 이다음에 꼭 너희 같은 새끼, 둘도 말고 하나씩만 낳아서 겪어보렴……."

여자아이는 아직도 이해가 잘 안 되는 듯했다. 우리가 뭘 그렇게 크게 잘못했다고 엄마가 저러시는가. 정말이지 미칠 것 같은 기분이다. 까딱하면 저러시는 엄마가 싫다. 모처럼 학교에서 일찍 돌아온 아이들은 나름대로 공부를 좀 해 보려고 했지만, 엄마의 주기적인 신경질에 기분이 엉망이 되어 넋을 잃고 멍하니 앉아 있고 말았다.

이렇듯 엄마의 기분이 온통 집안의 분위기를 결정한다. 만약 이 날 엄마가 현관에 들어서면서 이렇게 말했다면 집안이나 아이들 분위기가 어떻게 바뀌었을까?

"너희들 일찍 들어왔네! 오빠도 왔구나. ……너희들 라면 먹었니? 배가 많이 고팠나 보네……. 엄마가 좀 더 일찍 들어왔으면 좋았을 것을……. 그럼 엄마가 더 맛있게 끓여 주었을 텐데……. 과일 까 놓은 것은 먹었어? ……그래, 공부들 하렴. 엄마가 저녁 맛있게 해 줄게. 라면 끓여 먹는다고 아주 부엌은 난장판으로 만들었네……."

엄마의 음성은 매우 힘이 차고 밝았다. 난장판으로 만들었다고는 말씀하셨어도 그래도 듣는 아이들은 기분이 나쁘지 않았다. 엄마는 짐짓 아이들에게 미안하다는 듯 더 힘찬 모습으로 아이들을 한 번씩 쓰다듬어 주고는 이내 부엌으로 가서 저녁식사를 준비하기 시작하였다. 아이들도 즐거운 마음으로 각자 방에 들어가서는 엄마의 저녁식사 준비가 끝나기를 기다렸다. 그리고 이내 즐거운 저녁식사를 세 식구가 하고 있는데, 마침 아빠도 일찍 들어오셨다. 엄마는 역시 활기찬 모습으로 아빠를 맞이했다.

"당신, 오늘 일찍 들어오셨네요! 저녁식사는 어떻게 하셨어요? 우린 지금 막 먹기 시작했는데……."

094

"아냐, 됐어. 난 회사에서 간단히 먹었어. 왜 그 사우디 바이어 있지? 그 사람이 와 가지고는 그 사람 환영하는 서성거리기 파티가 있었어. 거기서 이것저것 집어 먹었어!"

서성거리기 파티란 칵테일이나 음료수 잔을 들고 서서는 중앙에 차려져 있는 간식을 집어먹으면서 서로 왔다갔다 서성거리면서 하는 간단한 식전 파티 비슷한 것을 일컫는 것이다. 요기 정도는 될 수 있는 파티였기에 아빠는 그냥 그걸로 저녁을 대신할 요량이었는가 싶다. 하지만 아빠는 엄마의 활기찬 모습에 옷도 갈아입지 않은 채 식탁에 다가와서 앉으셨다.

"네 엄마가 오늘 무슨 좋은 일 있었나 보다. 엄마 기분이 왜 이렇게 좋지?"

"뭐, 나야 항상 좋지! 뭐가 부족해서 내가 우울하겠어요."

참으로 온 가족이 활기차 보인다. 행복으로 가득 찬 식탁에서 희망과 꿈이 묻어난다. 이런 분위기에선 서로 간에 너 같은 새끼 한번 낳아 보라는 악담이 결코 나올 수가 없다. 서로 필요 없다고 아우성 대는 일도 없고, 서로 호적에서 파내라고 다툼할 필요도 없다. 모두가 서로에게 소중한 존재, 서로에게 힘이 되고 활력소가 되고 희망이 되는 존재이기 때문이다.

08 올라가지 못할 나무는
쳐다보지도 말랬지!

> • 너희 집안에 어디 변변한 대학에 간 사람 있더냐?
> • 씨는 못 속이는 법이야!
> • 이것아, 콩 심은 데 콩 나고 팥 심은 데 팥 나는 법야!
> • 네가 백 번을 해 봐라.
> • 네가 그것을 하면, 내 손에 장을 지진다.

　내가 아주 잘 아는 그는 시골의 실업계 고등학교를 다녔다. 그
때만 해도 농촌의 실업계 고등학교란 그저 고등학교만 졸업하고
끝낼 시골 아이들의 마지막 학교교육의 터전이었다. 대학에 진학
한다는 것은, 더욱이 서울의 명문대학에 진학한다는 것은 그저
허황된 꿈일 수밖에 없었다. 농업계이다 보니 학교의 여름방학
숙제가 퇴비 두 리어카를 만들어 내는 것이었을 만큼, 학교생활
은 대학진학 준비와는 거리가 멀었다. 학교에 갈 때 늘상 호미,
삽, 괭이, 낫 네 가지 중 한 가지가 필수 지참물이었다. 학교에 가
서도 농사 일, 집에 와서도 농사 일…… 그저 오나가나 일만 해야
했다.

그런 와중에도 그는 자기가 살 길은 어떻게 해서든 공부해서 서울의 명문대학에 진학하는 것이라고 생각했었다. 그는 졸업하던 해에 서울에 있는 한국 최고의 명문대학에 원서를 냈다. 결코 합격하리라고는 생각하지 않았던 듯싶다. 그저 한 번 시험을 보는 경험이라도 하고 싶었는지 모른다. 결국 그는 시험에 떨어졌고, 재수의 길을 택했다. 집에서 온갖 일을 다 하면서도 정말 열심히 공부했었다. 그러고 나서 그는 다시금 똑같은 한국 최고의 명문대학에 원서를 접수하고 시험을 보았지만, 결국 보기 좋게 또 떨어지고 말았다.

　문제는 그때부터 생겼다. 왜냐하면 그가 군청 공무원 시험이라도 보든가, 또는 농사짓기 싫으면 장사라도 하든가, 아니면 어디 가까운 도심지로 나가서 공장에라도 취직을 하든가, 정 이도 저도 안 되면 군대라도 가든가 해야 할 터인데, 그가 또다시 대학 입시 공부를 하겠다고 나섰기 때문이다. 그러자 주변에서 곱지 않은 시선으로 그를 바라보기 시작했다. 집안 식구들은 그래도 좀 덜했지만, 동네 사람들이나 그가 졸업한 고등학교 선생님들까지도 그가 정말로 허황된 꿈을 꾸고 있는 것으로 생각했다.

　또다시 1년이 지났다. 이번에 그는 수준을 한 단계 낮추어서 한국 최고의 명문 사립대학에 입학원서를 내기로 마음먹었다. 그리고 그는 모교의 고3 때 담임선생님을 찾아가서 원서를 내밀고 작성해 주셨으면 하는 부탁을 드렸다. 너무 오랜만에 찾아뵈서였을까? 자주 찾아뵙지 못한 제자에 대한 섭섭함이 컸기 때문이었을까? 선생님의 반응은 너무도 냉랭했다. 선생님의 눈빛은 무섭기까지 했다. 하긴 해마다 찾아와서 써 달라고 하니 좀 귀찮으셨을지도 모르겠다. 그래도 꿈을 포기하지 않고 끈질기게 해 보려는 어린(?) 제자의 인내와 도전이 전혀 기특해 보이지 않았는가 보다. 원서를 받아 책상에 던지다시피 내려놓고서 선생님은 그에게 한마디 비수를 날렸다.

"야! 이놈아! 네가 그 대학에 합격을 하면, 내 손에 장을 지진다. 넌 그 대학이 어떤 대학인 줄이나 알고 지원하냐? 이놈아, 전국에서 날고 기는 아이들이 가는 대학이야! 이 자식, 이거 뭐 좀 이상해진 거 아냐?"

교무실이 떠나갈 듯 소리치시는 선생님 앞에서 주눅이 잔뜩 든 그는 결국 입학원서에 교장 선생님 도장을 받지 못하고 그냥 돌아왔다. 절망, 좌절…… 그 어떤 단어로 그날 그의 기분을 설명할 수 있을까! 그는 읍내로 나가 친구들을 만나 못 먹는 술까지 마시며 분노와 좌절을 달랬다. 지난 세월이 너무도, 정말이지 너무도 아까웠고 이대로 멈추고 말기엔 너무도 화가 치밀었을 성싶다. 친구들의 위로와 격려에 힘을 얻은 그는 이튿날 학교로 다시 가기가 두려워 선생님 댁으로 찾아가 무릎 꿇고 애원했다. 원서 마감날이 이틀밖에 안 남았으니 이번 한 번만 써 달라고, 이번에 떨어지면 다시는 입학원서 들고 찾아오지 않겠다고…….

그는 결국 그 한국 최고의 명문 사립대학에 합격했다. 그가 지원한 학과에는 30명 모집에 340명인가, 하여간 경쟁률이 10:1을

부모가 하지 말아야 할 21가지 말

훨씬 넘을 정도로 많은 수의 학생이 지원을 했고, 모두들 그가 합격하리라고는 생각지도 않았다. 집안 식구들도 큰 기대를 하지 않았고, 모교에서도 아무도 기대를 하지 않았다. 너무도 무모한 짓을 한 것이었기 때문이다. 올라가지 못할 나무는 쳐다보지도 말랬는데, 그는 너무도 높은 큰 나무를 쳐다보는 무모한 짓을 한 것이다. 합격자 발표일이 다가왔지만 아무도 관심을 보이지 않았다. 그래도 부모님만은 그가 늘상 가련해 보였고, 자신들이 뒷바라지를 못해 준 것에 대한 미안함이 있으셨는지 합격자 발표일이 다가오자 자못 초조해하셨다.

그는 결국 합격했다. 그런데 이것이 어찌된 일인가! 합격해도 그냥 합격한 것이 아니고, 그 학과에 수석으로 합격했다. 그 대학교의 인문사회계 전체 합격자들 가운데서는 차석을 차지했다. 전액 장학금도 받게 되었다. 그리고 훗날, 그는 그 대학교에서 소속 단과대학을 수석으로 졸업한 다음에 외국 유학을 다녀와서 박사학위를 받고, 모교인 그 대학의 교수가 되었다. 그리고 그는 평생 교단에 서면서 다짐을 했다고 한다. 그 어떤 경우에도, 그 어떤 학생에게도 자기는 결코 부정적으로 예언하지 않으리라고. 아무리 그 학생이 겉보기엔, 또 얼핏 보기엔 턱 없이 모자란, 그야말로 자기 수준과 분수를 모르고 무모하게 어떤 목표에 덤벼든다 해도, 결코 그 학생의 희망과 꿈을 꺾는 그 어떤 악담도 하지 않겠다고 말이다. 그 대신, 해 줄 수만 있다면 격려와 고무, 용기와 신뢰 같은 것을 그 학생에게 심어 주겠다고 말이다. 아마 그는 평생의 삶에서 그때처럼 삶 자체에 대해서 회의를 느꼈던 순간이 없었을 것이다. 자기 자신도 학생을 가르치는 선생이다 보니 어린 시절 그를 가르친 선생님들에 대한 존경이 남달리 컸을지도 모른다. 그런 그에게 한때 그런 선생님이 한 분 계셨었다는 것은 가장 가슴 아프게 기억되고 있는 일일지도 모른다. 아무리 잊으려 해도 잊혀지지 않을 만큼, 그 일은 그의 가슴 한구석에 단단한 멍울이 되어, 평생 그가 선생으로 학생을 가르치는 데 있어 자신은 결코 그런 선생님이 되어서는 안 된다는 각오를 다지는 단초가 되었을 것 같다.

그런데 우리는 그런 절망과 포기에 찬 야유와 비난을 아주 거리낌 없이 자녀들에게 가하는 경우를 주위에서 종종 본다. 그것은 어쩌면 자기 자식이기 때문에, 자기 자식을 어느 누구보다도 더 잘 알기 때문에, 또는 자식을 너무도 끔찍이 사랑하기 때문일지도 모른다. 너무도 분수에 맞지 않은, 그래서 도저히 가능하다고 믿기 어려운 일에 자녀가 집착하고 매달려 있으면, 그것을 끊게 하고 보다 자신에게 걸맞은 새로운 목표를 찾아 가도록 도와주기 위해서 부모들은 그런 말들을 자녀에게 하는 것 아니겠는가 싶을 때도 있다.

그러나 그러한 부모들의 말은 그 저변에 어떤 운명론적인 절망과 포기가 깔려 있는 듯싶어 그냥 넘겨 버리기엔 안타깝다. 처음부터 우리 팔자에 그런 욕심을 엄두조차 낼 수 없다는 생각이 깔려 있는 것이다. 그 나무는 워낙 높고 커서 결코 우리네 같은 사람들은 죽었다 깨나도 못 오를 것이라는 운명론적인 판단이 서려

있는 것이다. 부모들이 자녀들에게 쉽게 던지는 말을 몇 가지 더 예를 들어 보면, 그런 운명론적인 절망과 포기가 자못 분명하게 들어난다. 이를테면 이런 말들이다.

"씨는 못 속이는 법이야. 이것아, 콩 심은 데 콩 나고 팥 심은 데 팥 나는 법이야!"

"너희 집안에 어디 변변한 대학에 간 사람 있더냐? 눈을 씻고 찾아봐도 서울의 변변한 대학은커녕 저 시골 구석에 있는 거지 같은 대학이라도 간 사람 있으면 나와 보라고 해!"

정말 우리는 그렇게 팔자를 타고나는 것일까? 흔히 병원에서 암 진단을 할 때, 가족 중 누군가가 암으로 사망했는지, 또는 현재 치료 중에 있는지를 조사할 때가 있다. 가족의 병력을 조사하는 것이다. 이는 병이 그만큼 유전적 영향을 받는 것이기 때문에 그럴 것이다. 물론 사람의 지능도 그런 식으로 유전적 영향을 받는 것이 사실이다. 부모가 똑똑한 머리를 가졌으면, 자녀도 똑똑한 머리를 타고나는 경우가 많다. 반대로, 부모의 머리가 신통치 않으면, 때때로 자녀도 그런 부모의 유전적 특성을 물려받는 경우가 전혀 없는 것은 아니다. 그러나 사람의 어떤 능력이나 소양은 후천적으로 얼마든지 개발될 수 있는 특성을 지니고 있는 것 또한 사실이다. 만약 100% 유전적인 영향으로 우리의 모든 것이 결정된다면, 우리는 이 땅에서 그토록 힘들여 가면서 노력할 필요가 없어지는 것 아니겠는가? 운명적으로 모든 것을 타고난 팔자이니까 말이다. 그러나 그렇지 않기 때문에 우리는 언제나 꿈과 희망을 갖고, 항상 도전을 하게 되는 것 아닌가. 특히 어린아이들에게 있어 꿈은 삶의 절대적인 활력소가 되는 것이다. 그들 앞에 무한한 가능성이 있음을 언제나 그들 스스로 믿고 있기 때문에 오늘 비록 좀 힘들고 어렵다 해도 더 큰 목표를 향해 그들 나름대로 정진하는 것 아니겠는가! 그런데 거기다 대고 "네깐 놈이 뭘 하겠다고! 야! 꿈도 꾸지 마라. 씨는 못 속여! 이 바보야! 콩 심은 데서 콩 나는 것이야. 콩 심은 데서 팥 나는 것 봤냐! 이 미친놈아! 대학 공부고 뭐고 다 때려 치고, 공장 같은 데 가서 취직이나 할 생각해! 아니면 그 멀쩡한 육신 갖고 공사판에는 왜 못 나가! 될 성싶은 놈은 그런데 나가서 일해도 나중에 자기 힘으로 얼마든지 공부해서 성공 하더라……." 하는 식으로 말하면서 채 자라기도 전에 그 어린 싹을 싹둑 자르려 하는가?

09

대가리에 피도 안 마른 것이……

- 참, 넌 어찌 그리 엉뚱한 짓만 하냐!
- 넌 정말로 알 수가 없는 아이야!
- 너 어디서 그런 법을 배웠냐?
- 벌써부터 가로꿰져 가지고서는~.
- 정말, 너 때문에 내가 미쳐~.
- 너 때문에 내가 제명에 못 죽어~.

지금은 고인이 되셨지만, 생전에 참으로 많은 사람으로부터 존경을 받았던 어떤 목사님에게서 직접 들은 이야기 중의 하나다. 목사님께서 미국에 가셨는데, 그곳에서 목사님의 신학대학 교수 시절 제자 한 분이 목사님을 모시고 시내 어느 식당으로 저녁식사를 하러 가는 차 안에서 일어난 일이다. 그 제자는 자신의 부인과 초등학교에 다니는 아들과 함께 목사님을 모셨다고 한다. 그때 뒷자리에 목사님과 함께 타고 있던 아들 녀석이 운전하는 아빠에게 목사님을 손으로 가리키면서 묻기를, "아빠! 이 새끼도 같이 밥 먹으러 가는 거야?" 하더라는 것이다. 그때 그 제자가 얼마나 당황스러워 했는지……. 목사님은 웃으시면서 그 얘기를 내게 하셨다.

아이의 잘못은 없었다. 아이는 '이 새끼'의 의미를 그저 상대
방 누군가를 지칭할 때 하는 한국말 정도로 알았을 테니까. 그러
면 아이는 어디서 그 말을 배웠을까? 나중에 그 제자가 목사님께
용서를 빌면서 자신이 아이에게 그 말을 생각 없이 너무 자주 했
더니만, 아이가 그 말을 배웠다고 고백하더라고 하셨다. 사실 미
국에서 태어나 자라나는 우리 아이들이 곱고 품격 있는 한국말을
체계적으로 배울 기회는 그리 많지 않다. 그저 부모들이 가정에

부모가 하지 말아야 할 21가지 말

서 일상 쓰는 몇 마디 한국말을 들으면서 배울 뿐이다. 게다가 아이들이 부모의 마음을 상하게 하고 속을 썩이다 보면 부모들이 비속한 말을 거침없이 내뱉게 되고, 또 아이들은 그것을 생각 없이 배우게 되는 것이 상례적인 일이다. 미국의 그 아이도 그랬는가 싶다.

하긴, 어찌 미국에서만 일어나겠는가! 사실 요즈음 우리 청소년들은 참으로 온갖 비속한 상스러운 말들을 잘 한다. 특히 저희들끼리 이야기할 때는 '쓰ㅍㅅㄲ'같은 단어를 거의 말끝마다 또는 말을 시작할 때마다 그저 아무 데고 가져다 섞는다. 하긴 미국의 청소년들도 마찬가지다. 그렇다면, 아이들은 그런 어휘를 누구한테서 배웠을까? 어른들이 흔히 말하기를 또래 친구들한테서 배웠다고 하지만, 그것은 잘못된 책임전가다. 결국, 그 말은 우리네 어른들한테서 배운 것이다. 어른들이 그런 비속한 상스러운 말들을 어른들 사이에 주고받거나, 또는 어른들이 젊은이들이나 아이들에게 그런 말을 했기 때문에 청소년들이 배운 것이다. 그리고 청소년들은 그런 어휘를 나중에 저희들끼리 서로 가르치고 배우는 것 아니겠는가? 결국 원초적 책임은 어른들에게 있는 것이다.

특히 부모가 자녀에게 비속한 말을 자주 사용하게 되면, 아이들이 그러한 말을 배우는 것은 두말할 나위도 없다. 게다가, 그런 비속한 말을 들으면서 성장하는 아이들은 자기 자신을 참으로 비참한 존재로 스스로 각인시키는 결과를 가져 온다는 데서 문제의 심각성은 더욱 커진다. 이를테면, 다음과 같은 말을 부모로부터 자주 들으면서 성장하는 아이들은 훗날 자기 자신에 대하여 어떻게 생각하게 될까?

"야! 이 미친놈아! 너 지금 뭐하는 짓이냐! 대가리에 피도 안 마른 것이. 그저 가로퀘져 가지고서는."

"야! 너 거울 좀 봐 봐! 그런 상판때기로 니가 뭘 할 수 있는지. 가서 좀 가만히 들여다보라고! 이 짜식아!"

"이놈아, 너 지금 부모 앞에서 그렇게 눈깔에 쌍심지를 켜고 덤비는 거냐! 이 자식이 어디서 눈깔을 치켜들고 그래! 너 지금 부모를 한 대 칠 자세다."

"넌, 이놈아! 항상 그 아가리가 문제야! 아가리 좀 다물어! 쓸데없이 아가리를 함부로 놀리지 말란 말이야!"

이런 말은 수도 없이 많다. 수도 없이 많은 비속한 말들을 아이들에게 퍼붓는 부모가 있다. 물론 백 번 천 번 이해한다. 얼마나 화가 나면 그렇게 말할 수밖에 없을까! 특히 부모가 자녀에게 내던지는 비속한 말들 가운데는 신체의 일부를 비속하게 지칭하는 표현이 많다. 앞에서와 같이, '대가리머리' '상판때기얼굴' '눈깔눈' '아가리입' '모가지목' '뺨따귀뺨' '귀때기귀' …… 등 여러 가지가 있다. 그런데 부모들은 이러한 어휘를 아무렇지도 않게 사용하며 아이들을 욕하고, 비난하고, 야단친다. 그때 비난받고 야단맞은 아이들은 부모가 비난하고 야단쳤다는 사실보다 그때 사용된 어휘로 인해서 더 큰 상처를 받게 된다는 것을 우리 모두 좀 더 깊이 성찰할 필요가 있다. 즉, 자신의 신체에 대한 모멸감을 느끼면서 열등감은 더욱 커지고, 자기 자신에 대한 확신이나 밝은 전망을 세우기가 어렵게 되는 것이다.

부모들이 그런 어휘를 사용하여 자녀를 욕하는 경우를 면밀히 관찰해 보면, 우선 아이들이 부모의 기대와 예측을 뛰어넘는 어떤 이상한 행동을 할 때, 부모들이 그런 용어를 쉽게 사용하는것을 발견할 수 있다. 특히 그러한 부모의 기대나 예측을 자녀들이 귀담아 듣지 않고 무시한다고 판단할 때, 부모들은 그러한 용어를 남발한다. 그렇다면 무엇 때문에 부모들은 사랑스러운 자녀들에게 그런 말들을 하게 되는 것일까?

한마디로 부모들이 자녀들의 못마땅한 행동이 자칫 더 큰 문제를 야기하게 될 것을 걱정해서다. 지금 당장에는 그리 큰 문제가 되지 않아도, 그것이 종국에는 또 다른 심각한 문제를 야기하게 될까 걱정이 되는 것이다. 그렇게 되면, 아이는 더 깊은 수렁에 빠지게 되고, 그나마 지금 상태보다 더 나빠지지 않을까 하는 염려가 생기는 것이다. 그렇기에 부모들은 자녀의 그러한 행동을 수단과 방법을 가리지 않고 막으려고 한다.

생각해 보자. 예컨대, 아들이든 딸이든 고등학교 2학년에 다니는 아이가 밖에서 이성친구와 사귀면서 걸핏하면 자정이 다 되서 집에 들어오기 일쑤고, 야단치고 걱정하는 부모에게는 '걱정 말라' '자기들 문제는 자기들이 알아서 한다' '요즈음 그렇지 않은 아이들이 없다' 라고 말하면서 부모의 만류와 설득을 계속 뿌리친다면, 어떤 부모가 돌부처 같은 마음으로 그냥 가만히 지켜

보고만 있으면서 내버려 둘 수가 있겠는가! 결국엔 소리를 지르게 마련이다.

"대가리에 피도 안 마른 것들이 그냥 가로꿰져 가지고서는, 정말 어디서 너희는 그런 못된 짓만 배웠냐! 하여간 친구를 잘 사귀어야지……. 정말 내가 못 살아, 내가 제명에 못 죽지. 정말이지, 요즈음 아이들은 알 수가 없어. 도대체 아이들이 무슨 생각으로 저러는지 이해가 안 돼! 아니, 지금 저희가 그러고 돌아다닐 때냐고? 고작 고등학교 2학년인 쬐그만 것들이……. 참 내 기가 막혀서 말이 안 나온다……. 뭐 PC방에서 게임하다 보니 어쩌다 늦었다고, 그래 그렇게 계집애하고 사내새끼가 밤새고 게임기에 매달려 있는 것이 정상이냐! 그게 요즈음 아이들의 보편적인 형태라더냐! 이 미친놈 같으니라고. 저 놈의 대가리 속엔 정말 무엇이 들어가 있는지, 내 한번 들어가 볼 수 있으면, 저 속에 들어가서 저놈이 정말 무슨 생각을 하고 있는지 들여다봤으면 좋겠다……."

끝없는 엄마의 탄식이나 비탄은 엄마를 절망에 빠트린다. "자식이 많은 것도 아니고 저것 하나인데, 저 놈이 어쩌려고 저러는 것인지! 열심히 일할 맛이 안 난다. 뭐 때문에 내가 이렇게 뼈 빠지게 일해야 하는지, 요즈음은 나 자신의 삶의 의미조차도 잘 모르겠다……. 남편이란 인간은 애비가 되어 갖고서는 자식이 지금 어떤 꼴을 하고 있는지 관심이나 있는지 없는지……. 무자식이 상팔자라더니…… 옛말이 하나도 안 틀려! 하긴 옛날에 울 엄마가 날보고, 꼭 너 같은 자식 더도 말고 하나만 낳아서 키워 보렴 하셨

108

는데, 그게 바로 이것인가……. 어쩌다 저런 자식이 나왔는
지……."

　　결국 엄마 혼자만의, 때로는 아빠와 함께하는 비탄은 그들 자
신의 삶에 대한 절망으로까지 번져 나가는 것이다. 아이에 대한
포기와 절망이 이내 자신의 것이 되고 만 것이다. 그것은 우리 사
회에서, 특히 우리의 전통적인 가치관에서는 자녀가 부모의 꿈이
고 희망이요, 삶의 원초적 행복의 근원이 되어 왔기 때문이다. 그
것은 결국 그 반대의 경우가 발생할 수도 있음을 의미화하는 것이
다. 자녀가 온 가족의 모든 불행의 근원이고, 온갖 절망의 뿌리가
되고 있는 것이다.

자녀의 모든 행동을 긍정적으로 예언하라

사람들이 심심풀이로 즐겨 하는 것 중의 하나가 신문이나 잡지 같은 것에 게재되는 '오늘의 운세'를 보는 것이다. 대체로 사람들은 그것을 읽으면서 큰 의미를 두는 것 같지는 않다. 그냥 눈에 뜨여서 읽었지, 굳이 그것을 찾아가면서 읽는 사람은 그렇게 많지 않다. 또 사람들은 그것을 읽고 난 후 그 내용에 크게 연연하지 않는다. 그냥 흘려버리는 것처럼 보인다. 그럼에도 사람들은 매우 짧은 순간에 읽은 그 내용을 자신도 모르게 기억 속에 넣어둔다. 그러곤 그것에 자신도 모르게 무의식적으로 생각과 행동이 고착되어 가는 것을 쉽게 발견할 수 있다.

예컨대, 어떤 사람이 오늘의 운세에서 "오늘은 사람들과의 관계에서 당신이 조금만 손해를 보면, 나중에 큰 이득이 되어 당신에게 돌아올 운세다."라고 적혀 있는 것을 읽었다고 하자. 이 사람은 아침 신문에서 그런 운세를 읽고 잊어버린 듯 했다가도, 그날 사람들을 이렇게 저렇게 만나서 어떤 계산적인 행동을 하게 될 때

110

퍼뜩 '오늘의 운세'를 기억 속에서 되살려 낸다. 그리고 자기가 좀 손해 보려는 행동을 취하게 된다. 말로는 "난 그런 운세를 믿지는 않는다."라고 하면서도, 실상 그의 행동은 자신도 모르게 그 운세에 적힌 예언의 지배를 받고 있는 것이다. 그리고 그런 운세에 적힌 예언은 대체로 긍정적이지만, 때로는 부정적인 경우도 있다. 사람들은 그러한 긍정적 또는 부정적 예언에 조금씩이라도 구속을 받게 되는 것이 상례다.

이렇듯 사람들이 예언에 영향을 받는 것은 오래전부터 많은 심리학자나 교육학자의 여러 가지 실험을 통해서 과학적 사실로 입증되어 왔다. 머튼R. Merton과 같은 사회학자는 그것을 '자기충족적 예언self-fulfilling prophecy'이라고 명명하였다. 즉, 예언은 예언 그 자체를 스스로 충족시키는 아주 막강한 힘을 지닌 근원이 된다는 것이다.

이를테면, 마크 트웨인M. Twain은, 확실히 기억은 안 나지만 어느 수필에서인가, 담배에 관한 이야기를 쓴 적이 있다. 그 글에서 보면, 그의 친구 중 한 명이 매우 순한 담배만 좋아했는데, 트웨인은 반대로 좀 독한 담배를 피웠나 보다. 둘이 만날 때마다 그 친구는 트웨인이 건네주는 담배는 지독히 독해서 자기는 그것을 한 모금만 빨아도 졸도할 것이라고 생각예언하고는 항상 트웨인이 담배를 권할 때마다 거절했었다. 그런데 어느 날, 트웨인이 속임수를 썼다. 그 친구의 담뱃갑에서 순한 담배 한 개피를 몰래 꺼내 트웨인의 담뱃갑에 넣어 두었다가 친구에게 권했다. "그토록 내가

권한 담배를 매번 거절하면 쓰겠느냐, 그래도 친구 간의 의리가
있으면 한 번쯤은 받아 피워 봐야지!" 하면서 친구의 담배를 자기
의 담배인 양 권했다. 친구는 마지못해 트웨인이 건네주는 담배_실
_{상은 자기의 순한 담배였는데}를 입에 물고 불을 켜서 한 모금을 빨아들인 다
음에 졸도했다. 그러니까 그는 그 담배를 피우면 자기는 졸도할
것이라는 자신의 예언대로 스스로 졸도하고 만 것이다.

이러한 부류의 예는 무궁무진하다. 병원에서 환자를 치유하는
사례에서도 이러한 자기충족적 예언이 환자 치유에 도움을 준다
는 것은 이미 오래된 사실이다. 흔히 말하는 플라시보_{placebo} 효과
가 그것이다. 예컨대, 의사가 어떤 약을 처방해 주면서 이 약을 이

틀만 복용하면 꼭 나을 거라고 이야기해 주면, 그 의사의 말은 곧 환자에게 긍정적 예언이 되어 자기충족적으로 그 예언대로 환자의 병세를 호전시키거나 치유하는 데 크게 도움을 준다는 것이다. 그런가 하면 노시보nocebo 효과란 것도 있다. 이는 어떤 사람이 약에 첨부된 설명서에 쓰인 사용상의 주의사항 중 부작용에 관한 것을 읽은 후, 자기 스스로 부작용이 생길 것이라는 예언을 함으로써 실제로 부작용을 초래하는 경우다.

이런 자기충족적 예언에 관한 실험은 교육학에서도 오래전에 있었다. 즉, 교사가 학생을 긍정적으로 예언해 주면, 그 학생의 학습 결과가 훨씬 높아진다는 것이다. 물론, 그 반대로 부정적인 경우도 가능하다.

우리는 사실 일상생활에서 그러한 체험을 매일 여러 번 우리 자신도 알게 모르게 겪고 있다. 예컨대, 식당에 들어설 때 분위기가 매우 아늑하고 깔끔하며, 환대해 주는 주인의 말이 따뜻하고 미소가 곱게 느껴지면, 우린 이 집 음식이 맛있을 거라고 속으로 예언한다. 그리고 실제로 매우 맛있게 먹고 나온다. 물론 음식이 진짜 맛있어서 그럴 수도 있겠지만, 그 맛을 더욱 맛나게 한 것은 '맛있을 것 같다' 라는 바로 자신의 긍정적 예언이었던 것이다.

그런 자기충족적 예언의 현상이 어찌 음식에서만 있겠는가! 어떤 사람을 만날 때도, 어떤 옷을 사 입을 때도, 어떤 텔레비전 프로나 영화를 볼 때도…… 정말 일상의 수없이 많은 일에서 우리는 그러한 긍정적 예언 또는 부정적 예언을 하게 되고, 그 예언이 예언대로 이루어지는 경험을 많이 한다. 그리고 나서 때때로 손뼉을 치면서 환호하며 말한다. "내 생각이 어쩜 그렇게 맞는지!" "내 예감이 틀림없다니깐!" "하여간, 내가 예언했던 대로야!"

사실 이러한 자기충족적 예언의 영향은 서양 학자들이 새로운 이론을 발견한 것처럼 떠들기 훨씬 오래 전부터 우리네 부모님들이 우리가 어렸을 때 우리에게 퍽이나 많이 들려주었던 것이다. 모두들 기억이 날 것이다. 예컨대, 어떤 여자아이가 "엄마! 난 아무래도 시집 못 갈 것 같아!" 하고 엄마에게 말하면, 그때 엄마들은 그 딸에게 뭐라고들 하였는가! "그래! 내 생각에도 넌 못 갈 것 같으니, 시집가지 말고 늙어 죽을 때까지 그냥 엄마하고 살자!" 라고 했는가! 그렇게 말씀하신 엄마는 아마 없었을 성싶다. 그런 경우, 거의 모든 엄마가 뭐라고 하면서 딸아이를 야단쳤던가! "이것아! 그런 말 함부로 하지 마! 너 말이 씨가 되는 것 몰라! 말이 씨가 된단 말이야! 앞으로 절대로 그딴 쓸데없는 소리 하지 마!" 하면서 꾸중하시지 않았던가! 여기서 '말이 씨가 된다'는 것이 곧 예언하면 그 예언대로 되고 만다는 것을 나타내는 것이다. "나는 시집 못 갈 것 같다."라고 말하면, 정말 시집 못 가는 일이 생기기 십상이라는 것이었다.

우리가 텔레비전 스포츠 중계를 보다 보면, 어떤 선수들은 결정적인 행동을 하기 전에 뭔가 중얼거리지 않던가. 이를테면, 축구 시합에서 페널티킥을 차는 선수가, 또 그것을 막으려는 골키퍼가 주문 외우듯 뭔가 중얼거리지 않던가! 장대높이뛰기 선수가 저

114

만치서 장대를 들고 달려가기 전에 혼잣말로 중얼거리는 모습을 보지 않았던가! 그것이 곧 그들 나름대로 자기에게 자신감을 스스로 불어넣으면서, 꼭 해낼 것이라는 강한 긍정적 예언을 하는 것이다.

이렇듯 정말이지 예언은 무척이나 중요하다. 우리가 어떤 일을 할 때, 그것이 작은 일이든 큰일이든 그 순간 어떤 예언을 하느냐는 그 일의 결과에 매우 큰 영향을 미치는 것이다. 따라서 우리는 그저 모든 일에서 강하게 긍정적으로 예언하는 것이 매우 중요하다. 어떤 사람을 만날 때, 흔히 일단 '의심을 해 본다'고 하는데, 그 의심이란 곧 부정적 예언인 셈이다. 우리는 어떤 경우에든 사람을 만날 때 그 사람을 일단 신뢰하는 긍정적 예언을 하는 것이 중요하다. 그러면, 그 사람과의 관계는 일단 긍정적인 관계로 출발하게 됨을 아마 겪어 본 사람들은 알 것이다.

이처럼 긍정적 예언의 중요성을 길게 설명했지만, 이것은 곧 부모가 자녀들에게도 항상 긍정적으로 말해 주고 긍정적으로 예언해 주는 것이 얼마나 중요하고 값진 일인가를 강조하기 위한 것이었다. 반대로, 부모가 자녀들에게 부정적으로 말하거나 부정적인 생각을 바탕에 깔고 행동할 때, 그것이 자녀들에게 얼마나 나쁜 영향을 미칠 것인가를 분명하게 전하기 위한 것이었다.

물론 우리는 부모로서 결코 그러한 부정적 예언을 하고 싶어서 하는 것은 아니다. 결국은 참다 못해서, 견디다 못해서, 치솟아 오르는 분노 때문에 자신도 모르게 그러한 부정적 예언의 말을 불쑥 내뱉고 만다. 그러곤 이내 후회하는 것이 또한 부모의 마음이기도 하다. 따라서 그러한 부정적 예언의 말은 가능한 한 어떻게 해서든 안 하도록 노력하는 것밖에는 별 뾰족한 수가 없다. 부모도 사람인데 어쩌겠나! 그런 말을 자기도 모르게 내뱉고 마는데……. 하지만 그래도 어떻게든 억제하고 참아 내는 수밖에 없다.

　부부간의 싸움에서도 보면, 어떤 때는 참으로 어처구니없게도 지극히 사소하고 작은 일로 싸울 때가 많다. 더 어처구니없는 것은 그 하잘것없는 말 한마디가 끝내는 '사네 못 사네' 하는 식의 엄청난 결과로까지 번질 때가 있으니 말이다. 예컨대, 어떤 아내가 좀 퉁명스럽고 짜증스러운 말투로 "여보, 식사 안 하실거죠?"라고 했다고 해서, 이 여자가 남편 밥해 주기 싫어서 그러는 것 아닌가 하는 남편의 치졸한 짧은 생각이 결국 "왜, 이젠 남편 밥 주는 것조차도 싫은가 보지!" 하는 대꾸로 번지면서 싸움은 커진다. 물론 말에는 반드시 감정이 깔려 있게 마련이다. 그리고 그 감정은 순간에 형성된 것이 아니다. 오래전부터 누적되어 온 감정인 경우가 많다. 아니면, 오래전에 잊어버렸던 것으로 생각했던 사건의 감정의 잔흔이 아직도 가슴 한구석에 처박혀 있다가 순간 어떤 계기로 다시 치솟으며, 그것이 말에 실려 나오는 경우가 있을 수 있다. 그러다 보니 말에 가시가 돋치고, 말에 어떤 숨은 의미가 내포되어서 원하지 않은 어휘를 선택하게 만드는 경우도 있는 법이다. 결국, 이러한 현상들은 사람들로 하여금 무의식적으로 부정적 예언을 상대방에게 하도록 만드는 것이다.

116

부모와 자녀 간에도 똑같다. 자녀에 대한 기대가 컸었는가 싶더니만, 결국 그 자녀에게 그런 기대를 걸었던 자신이 비참하게 느껴져서 그런 것일까? 부모들은 자녀에게 절망하고 포기하는 말을 많이 하게 된다. 그렇다면 우린 어떻게 하면 그러한 절망과 포기에 찬 말을, 즉 부정적 예언의 말을 하지 않을 수 있겠는가? 아니 전혀 안 하기가 어렵다면, 어떻게 하면 조금이라도 줄여 나갈 수 있을까?

여기에 한 가지 새로운 언어 습관 형성의 방법을 소개한다. 모든 언어 행위에서 항상 긍정적인 방향으로 말하는 방법을 하루에 적어도 백 번 이상 하겠다는 각오를 갖고 그렇게 해 보는 것이다. 우리가 하루를 살면서, 여러 사람에게 적어도 백 번은 말을 하지 않겠는가! 그때마다 긍정적인 방향으로 말을 바꿔 하는 습성을 길들이는 것이다. 이를테면, 다음과 같은 방식으로 말이다.

- 🌱 너, 안 일어날 거야! → 너, 일어나야지!
- 🌱 당신, 오늘도 늦으시겠지요? → 당신, 오늘 일찍 오실 거지요?
- 🌱 너, 밥 안 먹니? → 너, 밥 먹어야지!
- 🌱 뭐가 그렇게 이상하게 생겼니? → 뭐가 그렇게 보기 좋게 생겼니?
- 🌱 숙제 안 하고 뭐하는 거야? → 숙제 해야지 뭐하는 거야?
- 🌱 먹기 싫은 게 아니라……. → 먹고 싶기는 한데…….

더 이상 예를 들지 않아도 모두들 이해가 될 성싶다. 그러니까 좀 귀찮더라도 내가 누구에게든 한마디 하게 될 때에는 언제나 그 말을 입안에서 한 번 연습해 보면서, 그것을 긍정적인 문장으로 바꾸어서 이야기하는 노력을 몇 달간만 해 보면 분명히 바뀔 것이라고 생각한다.

사실, 권위주의 문화가 팽배했던 우리 사회에서는 늘상 일방적으로 위에서 아래를 향하여 금지하고, 반대하고, 부정하는 방식의 말투를 사용한 경우가 많았다. 즉, 부모가 자녀에게, 선생님이 학생에게 무엇을 하지 말라, 해서는 안 된다, 나쁘다 등의 명령과 선언을 해 온 경우가 많다. 그러다 보니 부정적인 말이 긍정적인 경우보다 더 많아 보인다. 정부도 늘상 국민을 향해서 그런 식으로 말한 경우가 많았다. 2002년 월드컵이 열렸을 때, 교통 혼잡을 피하기 위해서 자가용 2부제를 실시한 적이 있었다. 그때 정부는 국민에게 이렇게 지침을 주었다. "짝수 날엔 끝번호 홀수차 운행을 금지하고, 홀수 날엔 짝수차 운행을 금지한다."라고 말이다. 사실, 우리 국민이 워낙 똑똑해서 그 말을 다 알아들었지만, 그래도 말을 그렇게 하는 것이 아니었다. "짝수 날엔 차량번호 끝자리가 짝수인 차만 운행하고, 홀수 날엔 홀수인 차만 운행하기 바랍니다."라고 했다면 얼마나 더 부드럽고, 또 국민들이 기분 좋게 그것을 따랐을까 생각해 본다.

이제 우리 모두 사랑하는 자녀들에게 항상 긍정적으로 예언해 주는 말만 하자. 아이들이 행하는 모든 행동이나 일에 대해서 우리 부모가 무엇인가 한마디 의견을 낼 때에도 그것을 결코 부정적인 시각으로 바라보지 말고, 긍정적인 시각에서 우리 어른들의 의견을 제시해 주자. 특히 그들의 앞날에 대해서 좀 더 희망적이고 긍정적인 격려의 말을 해 주자. 결코 그 '어린' 자녀들의 꿈을 꺾지 말고, 다소 그것이 비현실적으로 보이고 어른들의 생각으로는 결코 성취되기 어려워 보인다 해도, 정말 지구가 멸망하거나 해가 서쪽에서 뜨지 않는 한, 불가능한 일을 아이가 꿈꾸고 있다 해도 그것을 무조건 잘라 버리고 끊어 버리는 부정적인 말과 부정적인 예언을 아이들에게 퍼붓지 말자. 부모가 자녀에 대하여 절망하고 포기하기보다는 자녀에 대하여 계속 희망을 걸고, 자녀가 내게 있음으로 해서 얼마나 행복한지, 또한 자녀는 하나님이 내게 주신 영원히 귀한 선물임을 늘 확인하는 긍정적인 예언만 해 보자. 이를테면, 다음과 같은 말을 자녀들에게 이따금 던져 보면 어떨까?

- "너는 우리 집안 통틀어 최초로 명문대학에 가는 사람으로 가문에 영원히 기록될 것이다."
- "야! 어떤 나무든, 어떤 산이든 오르려고만 해 봐라. 못 오를 나무가 어디 있고, 못 오를 산이 어디 있겠냐."
- "너도 이다음에 너처럼 꿈이 크고 생각이 깊은 아이를 낳는 축복을 받으렴."
- "사람 아무도 몰라! 누구는 뭐 처음부터 그렇게 태어났겠니. 다 노력하면 되는 법이야!"

❦ "해 봐. 끝까지 해 봐! 하다 보면 더 좋은 생각이 또 생길 수도 있으니깐!"

❦ "이 세상에서는 모든 것이 가능한 거야! 그러니까 살 만하잖아! 손이 없어도 그림을 그리고, 발이 없어도 농구를 하지 않더냐!"

❦ "부모로부터 버림받아 고아원에서 자랐어도 대통령도 되고 장관도 되더라. 너는 부모도 있고 집도 있고 형제도 있고…… 너는 무엇이든 다 될 수 있어!"

❦ "인생, 알고 보면 매우 길어. 긴 인생에서 남보다 조금 천천히 한들 어떠냐! 괜찮아. 끝에 가 봐야 아는 법이야!"

부모가 하지 말아야 할 21가지 말

자녀를 다른 아이들이나
옛날과 비교하지 말라

10 개는 벌써 중학교 3학년 과정을 다 떼었다더라

> • 걔는 CNN 뉴스를 본대.
> • 그 집 아이는 수학 올림피아드에 나간대.
> • 옆집 아이는 태권도도 잘한대.
> • 그 아이는 돌도 안 되었는데 뛰어다닌대.

부모의 자녀에 대한 남들과의 경쟁은 아이가 엄마 배 속에 자리 잡을 때부터 시작된다. 임신 4~5개월이 지나서 점차 엄마의 배가 부르기 시작하면서, 엄마들은 태교에서부터 남들과 은연중 경쟁을 시작한다. 여섯, 일곱 달이 지나면 또 엄마들은 배 속에서의 아이들의 움직임을 놓고 다른 엄마들과 경쟁을 시작한다. 자기 아이는 '엄마의 말을 알아듣는 것 같다' '얘는 벌써 배 속에서 엄마에게 반항하는 듯 발로 차고 그런다' '얘는 배 속에서부터 무언가가 다르다'는 등 온갖 자랑과 교만이 시작된다. 태교에는 무엇이 좋은지, 아이를 위해서는 엄마가 무엇을 먹어야 좋은지, 특히 아이의 머리가 좋아지려면 엄마가 아이를 가졌을 때부터 어떻

123

게 해야만 하는지에 대한 온갖 상식을 외워 가면서 경쟁의 불을 당긴다.

다른 아이들과의 경쟁을 부추기는 일은 아이가 세상 밖으로 나오면서부터 본격적으로 시작된다. 태어나는 순간의 몸무게나 키에서부터, 아이의 눈빛이나 피부색깔, 머리숱에 이르기까지 다른 집 아이들과 비교가 시작된다. 그리고 아이들이 하루, 이틀, 한 달, 두 달 커 가면서 엄마는 아이들의 신체 발달에 대해서 다른 집 아이들과의 비교를 서슴지 않는다. 어떤 집 아이는 언제부터 벌써 뒤집기 시작했다, 엄마와 눈을 맞춘다, 기어다니기 시작했다, 일어서기 시작했다 하다가, 생후 최초의 치열한 경쟁은 아이의 걷기 행동에서 절정에 이른다. '옆집 아이는 인제 고작 열 달인데 벌써 뒤뚱거리면서 잘 걷는다' 는 것이다. 이렇게 다른 집 아이들의 빠른 신체 발달에 비하여, 자기 집 아이의 발달이 늦어지면 늦어질수록 엄마의 불안은 증대된다. 그리고 아이에게 재촉한다.

"아니, 애는 도대체 무슨 애가 돌이 다 되었는데도 일어나 걸을 생각을 안 하는 거야. 도대체 누굴 닮아서 애가 이렇게 더딘 거야! 당신, 혹시 옛날에 돌이 지나도록 누워 있었던 것 아냐! 난 도대체 이해가 안 돼! 101동에, 왜, 거기 엄마가 항공사 스튜어디스인 집 있잖아. 그 집 애는 여보, 돌 지난 지가 엊그제인데 벌써 놀이터에 나와서 뛰어다니면서 논대……."

이러한 다른 집 아이들과의 비교는 이제 아이가 한 살, 두 살 나이를 먹어 가면서 매우 치열하게, 그리고 다양하게 이루어진다.

부모가 하지 말아야 할 21가지 말

어린이집을 다니고 유치원을 다니면서, 엄마들은 항상 다른 집 아이들의 '움직임'에 귀를 쫑긋 세운다. 그 집 아이는 어느 학원엘 다니고, 무엇을 배우고, 또 무엇을 어느 만큼이나 잘 해내고 있는지, 정말 무서울 만큼 치열한 경쟁을 시작한다.

경쟁의 목표는 단순하다. 종국에 어디까지 도달하려고 하는가 하는 최후의 궁극적인 도달 목표는 없다. 목표는 그저 딱 한 가지, 결코 남에게 뒤져서는 안 된다는 것이다. 아니 남보다 조금이라도 앞서거나, 잘하거나, 많거나, 크거나, 빨라야 한다는 것이다. 그렇기에 아이들은 세상에 태어나면서부터 조기학습, 선행학습 열풍에 휘말리기 시작한다. 남이 한 걸음 나아가면, 우리 집 아이는 한 걸음 반이라도 나아가야 한다. 그런 경쟁을 아이들에게 시키다 보니, 결국 조기학습 또는 선행학습의 폭은 점점 증대되기 마련이다. 그래도 예전엔 그저 한 학년 정도를 좀 일찍 앞당겨서 가르치고 배우면, 또래에서는 제법 앞서 나가는 것이 되었다. 그러나 지금은 그 정도로는 턱도 없다. 그 정도도 안 하는 아이는 없기 때문이다. 이제는 다른 집 아이들을 뒤로 제끼려면 그야말로 몇 단계씩, 몇 년분씩 다른 아이들보다 앞서서 가르치고 배워야만 하는 지경에 이른 것이다.

아직 초등학교에 입학하려면 1년이나 더 남았는데도, 그러니까 고작 유치원생인데도 한글을 완전하게 다 깨치는 것은 물론, 더하고 빼고 나누고 곱하는 셈까지 할 수 있어야 하는 것이 마치 정상적인 발달인 양 받아들여지고 있다. 그리고 이러한 정상적인(?) 발달 수준에 자기 아이가 도달하지 못하면, 엄마들은 이내 불안해지고 초조해지면서 아이들을 몰아세우기 시작한다.

"그 집 아이는 너하고 똑같이 유치원 다니는데 벌써 영어로 간단한 회화도 한다더라. 넌 겨우 알파벳이나 옹알거리고 있으니."

"걔는 수학도 두 자릿수 셈을 다 한대. 더하고 빼기가 뭐야, 곱하기까지 한대. 구구단을 외우는 것은 말할 나위도 없고……."

"걔는 지 엄마 전화 갖고 할머니 할아버지한테 문자까지 수시로 날린대……. 그것도 맞춤법 하나 안 틀리고 아주 퍼펙트한 문장을 만들어 날린대. 지 할머니가 오히려 문자를 잘 못해서 어린 손주한테 쩔쩔맨다나……."

이러한 비교는 아이가 학년이 올라갈수록 그 강도가 점점 강해진다. 또 비교대상의 폭도 넓어진다. 초등학교에 입학하고, 중

부모가 하지 말아야 할 21가지 말

학교로 올라가고, 고등학교로 넘어가면, 엄마들의 다른 집 아이들과의 비교는 그야말로 최고 절정에 오른다. 하긴, 요즈음은 그런 비교가 거기서 멈추는 것은 아닌가 싶다. 엄친아라고 했던가? 아이들이 대학을 졸업하고, 직장을 얻고, 결혼을 하게 되더라도 엄마들의 그런 비교는 엄마의 끝없는 경쟁적 욕심에 편승하여 계속되고 있음이 오늘의 우리네 현실인 것을…….

부모들 자신도 어린 시절에 그런 비교 경쟁 속에서 성장했기에, 그리고 그런 비교 경쟁적인 엄마의 '닦달' 속에서 너무나도 힘들어하면서 성장했기에, 자기 자식에게만큼은 결코 그러지 않을 것이라고 그토록 다짐했지만, 결국 그들은 자신도 모르게 아이에게 그런 비교 경쟁을 시키고 있음을 어떻게 설명하겠는가? 그냥 세상이 그러니 어쩔 수 없지 않겠는가! 남들이 다 그렇게 하는데 나만 그러지 않고 있으면, 괜스레 우리 집 아이만 뒤처지는 것 아니겠는가! 막연한 불안이 엄습해 옴을 어떻게 하겠는가! 아이를 학원으로 밤낮 없이 돌려 대서 아이가 힘들고 지쳐 울먹일 때면, 내가 이러지 말아야지, 이러면 안 되지 하면서도, 또 하룻밤 자고 나면 아이를 다시금 내몰지 않았던가? 혼자 있을 땐 아이를 이렇게 키우면 안 되겠다 싶다가도, 동네의 다른 엄마들과 만나거나 친구들 모임에 다녀오면, 이내 내 아이를 더 몰아세우게 되는 것이 지금 우리들의 모습 아닌가? 도대체 이를 어떻게, 언제부터, 누구부터 바로잡아야만 하는가?

요즈음 유행하는 말이 있다. 아이를 아주 잘 키우는 좋은 엄마는 두 가지 정보에 남달리 능해야 한다고 한다. 즉, 하나는 어느 학원에서 누가 무엇을 잘 가르치느냐를 바싹 꿰고 있어야 하고, 그다음은 어느 정신과나 소아과 의사가 아이들의 심리치료를 잘 해 주는가에 대한 정보를 갖고 있어야 한다는 것이다. 아이들은 선행학습에 시달리면서 학교와 학원으로부터 받는 과도한 학습 부담과 엄마로부터 쉼 없이 쏟아져 내리는 '과도한 사랑과 채찍' 속에서 겉으로도, 속으로도 병들어 가고 있는 것이다. 소화가 잘 안 되고, 신체가 기형적으로 발달한다. 조그만 아이들이 벌써 성인병에 시달린다. 아이들이 고혈압에, 당뇨에 시달린다. 과체중, 지방간같이 성인에게나 해당되었을 법한 용어들이 어린아이의 진료카드에도 등장한다. 그리고 이내 그런 것은 원형탈모증 같은 치명적인 신체적 이상을 초래한다. 또 그런 것은 마음까지 병들게 한다. 심리적 불안에 빠져들고, 조울증 증세를 보이게 만들며……어떤 경우에는 자살이라는 극단적 행동까지 생각하도록 아이들을 몰아세운다.

왜 우리 아이들은 이처럼 경쟁 속에 내몰려서 남들보다 더 빨리, 더 먼저, 더 많이, 더 높게, 더 강하게, 더 크게 그 많은 것을 성취해야만 하는가? 어떤 아이가 고백한다. 자기는 정말 아무도 없는, 그러니까 비교대상이 없는 무인도에 가서 혼자 살았으면 좋겠다고……

11 그 아이는 부모가 해 준 것이
아무것도 없는데도……

> • 환경 탓하지 마! 다 자기 하기 나름이야.
> • 옛날엔 너보다 더 어려운 가운데서도 대학만 잘 들어갔어.
> • 뭐라고? 네가 타고난 팔자가 어때서?
> • 미친놈, 이놈아 역경은 뭐가 역경이야!
> • 에미 애비 없이 자란 애들도 너보단 잘해.

　자식에 대한 부모의 마음은 세상 누구나 똑같을 성싶다. 즉, 자녀들에게 무엇이든지 해 줄 수만 있다면 다 해 주고 싶은 것이다. 그래서 거의 모든 부모가 자녀의 뒷바라지에 헌신적이다. 자기들은 못 먹고 못 입어도 자식새끼한테만은 그저 뭐든지 잘 먹이고 잘 입히고 싶은 것이 부모로서의 인지상정이다.

　그렇기에 부모가 경제적으로 넉넉하지 못해서 아이들이 원하는 만큼 제대로 해 주지 못할 때, 부모들은 몹시 가슴 아파한다. 그리고 아이들에게 자못 미안해한다. "저 녀석이 부모만 잘 타고 났어도 지금보다는 훨씬 더 잘할 수 있을 터인데." 하는 자조적 탄식도 하게 된다.

그러나 그런 부모의 마음을 헤아리지 못하고 아이들이 부모에게 따지고 덤빌 때, 부모들은 몹시도 서글퍼진다. 그리고 그것은 자녀에게 분노로 표출된다. 이를테면, 아이가 공부할 수 있는 자기만의 방이 없기 때문에 남들처럼 공부를 잘하지 못하게 되었다고 하면서 그 책임을 부모에게 떠넘기려 하면, 부모들은 자책을 넘어서 분노를 느끼게 된다. '그래, 네 부모가 못나 터져서 네가 원하는 만큼 못해 줘서 미안하다.' 라고 속으로는 말하면서도, 결국 부모는 그 섭섭함을 다른 아이들과의 비교로 표출한다. 이를테면 이렇게 말이다.

　　"너희 반에 민수라고 있지. 야! 걔는 단칸방에서 할머니까지 모시고 다섯 식구가 산다더라. 공부방은 무슨 얼어 죽을 공부방이야! 그 움막 같은 방 한 칸에 살면서도 걔는 전교 1등만 한다더라. 걔는 정말이지 부모가 해 준 것이 아무것도 없는데도 공부만 잘하더라. 그러니까 모든 것이 다 자기 하기 나름인 거야!"

　　엄마의 혼잣말 같은 푸념은 끝없이 계속된다.

　　"환경 탓은 무슨 환경 탓이야! 미친 놈 같으니라구, 그래도 저는 형하고 같이 쓰는 방 한 칸이라도 있구먼! 옛날엔 정말이지 그보다 더 어려운 환경에서 공부해도 서울대학교만 잘 들어가더구먼. 미친놈, 툭 하면 팔자 탓하고 환경 탓이야! 어린놈이…… 기가 막혀서……."

　　그러면서 엄마는 계속해서 다른 아이들의 경우를 들이댄다. 어디에서 그런 대단한 의지를 지닌 아이들의 경우만 듣고 오셨는

부모가 하지 말아야 할 21가지 말

지, 엄마는 아들 녀석 친구나 그 또래들의 성공담을 쭉 열거하신다. 어디 그뿐인가, 외국의 사례도 꿰뚫고 계신다. "야, 오바마 대통령은 일찍 부모를 잃고 고아원에서 자랐는지, 나중엔 양부모 따라 인도네시아에 가서 살기도 했다더라……." 사실인지 아닌지. 아이는 엄마의 말을 반박할 만큼 정확히 알지 못하기에 아무 말 없이 듣고는 있지만, 하여간에 엄마는 계속해서 다른 아이들과의 비교를 열거하신다.

부모의 그런 말이 틀리지는 않는다. 맞다. 사실 역경 속에서 어린 시절을 보낸 사람들 중 나중에 크게 성공한 경우가 많다. 물론 그 반대도 많다. 어린 시절의 역경을 이겨 내지 못하고 좌절하고

방황하다가 끝내는 자기 인생 자체를 중도에 포기하고 내팽개쳐 버린 사람도 많은 것이다. 그럼에도 부모들은 자기 아이보다 더 어려운 역경 속에서 그것을 딛고 일어선 다른 집 아이들에 비하여 자기 아이는 왜 그리도 지지리 못났는가를 한탄하면서 아이들을 몰아붙인다. 그리고 그것은 아이들에게 새로운 용기를 북돋아 주기는커녕, 오히려 부모에 대한 반감만 키워 준다. 끝내는 아이들이 자기 자신을 혐오하게까지 만들고, 자기 자신의 삶에 대하여 비참한 마음을 갖게 만든다. 심지어는 이런 가정에서 태어날 바에야 차라리 태어나지 않았으면 더 좋았지 않겠느냐 하는 생각까지 하고 만다. 그러곤 때때로 부모에게 발악하며, 반항하고 덤벼든다.

"왜 저를 낳으셨어요? 책임도 못 질 거면 애당초 낳지를 말았어야지, 왜 낳으셨어요?" 아이가 부모의 마음에 비수를 꽂는다. 그리고 그 비수를 가슴에 맞은 부모 역시 아이에게 똑같이 비수를 꽂는다.

사실, 이런 상황에서 아이들이 제일 싫어하는 것은 다른 집 아이들과 비교되는 것이다. 그냥 나 혼자만, 누군가와 비교되지 않고, 그저 나 한 사람만 갖고 문제 삼고 야단쳐 주면 좋으련만, 꼭 부모는 그것을 다른 아이들과 견주어 말하는 데서 속이 뒤집어지는 것이다. 요즈음은 아이들도 제법 똑똑하다. 그만큼 이해하는 능력도 있다. 그렇기에 엄마가 데리고 앉아서 조용히 설득력 있게 대화하면 아이들은 그것을 이해하고 수용한다. 그러나 엄마가 좀 화가 났다고 해서, 또 좀 섭섭함을 느꼈다고 해서 아이에게 마음에도 없는 말을 쏟아 내면, 아이들은 분노한다. 특히, 누구네 집 아이는 언제나 괜찮고 똑똑하고 성실한데, 이 집 아이인 나만 왜 이다지도 문제가 많은가? 그 집 아이는 부모가 해 준 것도 별로 없는데 그렇게 자기 스스로 잘도 해내는데, 왜 나는 부모가 하나에서부터 열까지 다 해 주었는데도 이 모양 이 타령인가? 이런 생각을 아이 스스로 하게 되면, 그때부터 아이는 마음에도 없는, 전혀 생각해 본 적도 없는 말들을 쏟아 내며 부모에게 반항하기 시작한다.

아이들이 처음에는 부모들처럼 '욱' 하는 성격에, 또 자존심이 좀 구겨졌다 싶어 부모에게 저항을 하지만, 사실 내심에 정말로 그렇게 생각하는 것은 아니다. 예컨대, "알았어요! 그저 이 집에선 내가 없어지면 되겠네요! 나만 없어지면 모든 문제가 풀릴 거 아녜요! 그저 나가 죽어 없어지든지…….." 하고 소리치지만, 처음부터 정말 죽고 싶은 생각이 들어 그렇게 말하는 아이는 없다. 그것은 부모도 마찬가지다. 그런 말을 듣고 엄마도 역시 분을 못 이기고 속상해서 아이의 그런 엉뚱한 분노에 응수한다.

"그래! 나가 죽어! 너 같은 자식 다 필요 없어! 그래! 에미 애비가 잘해 주지도 못했고, 또 잘해 줄 수도 없으니! 더 이상 이 집에 있어 본들 니가 부모로부터 무슨 덕을 받겠니. 우리 또한 너한테 무슨 덕을 보겠고. 그래, 이참에 아예 나가! 이 집에서 나가라고! 나가서 어딜 가든, 어디 가서 죽든 내가 알 바 아니니까!"

이 말을 들은 아이는 어떤 기분이 들까? 이때부터 아이는 정말 전심(全心)으로 분노하기 시작한다. 처음에 "나가 버리든지 죽든지 해야지." 하고 말한 것은 사실 화가 나서 불쑥 던졌던 말이지만, 그에 대한 엄마의 응수를 들은 아이는 정말 마음속 깊이 분노가 치밀어 오름을 느낀다. 그러곤 이때부터 아이는 가출을 진심으로 심각하게 생각한다. 가출만이 아니라 자살도 생각한다. 그냥 자기 방에 들어가 앉아서, 아니면 옷도 제대로 입지 않은 채 밖으로 뛰쳐나와선 거리를 배회하면서 자꾸만 외곬으로 생각을 키워 간다.

어른과 아이들 간의 커다란 차이점 중 하나는 감정 흐름의 속도다. 어른의 경우에는 감정의 흐름이 느리다. 즉, 단순한 저항이 격한 분노로, 그리고 극단적인 행동으로 이행되어 가는 속도가 느리다. 암에 걸렸을 때도 그렇지 않던가. 노인의 경우, 암이 다른 부위로 전이되는 속도가 느리다고 하지 않던가. 그러나 아이들의 경우는 그렇지 않다. 아이들의 감정 이행 속도는 무척 빠르다. 한 번 분노가 끓기 시작하면 매우 빠른 속도로, 자기 스스로 주체하기 어려울 만큼 확대되어 온몸으로 번져 나간다. 그래서 불쑥 집을 나온 아이는 목적하는 방향도 없이 골목길을 빠른 속도로 배회하면서, 누가 길에 내버린 음료수 깡통을 발로 차고, 주먹으로 괜스레 주차된 차의 본네트를 내려치고, PC방에 들어가 앉아 그냥 주먹으로 핸들을 내려치기도 하고…… 그러곤 친구를 불러내 한탕을 모의하기도 하고…… 또 어떤 아이는 그대로 아파트 옥상으로 올라가 저 멀리 번쩍이는 네온사인을 보면서 나 같은 놈 여기

134

서 그냥 떨어져 죽으면 저 네온사인인들 알기나 하겠느냐…… 하면서 아이들의 생각은 빠르게 감정을 타고 흐른다. 그러곤 결국 부모의 가슴에 평생 내려놓기 어려운 짐을 안기는 극단적인 행동을 보이기도 한다.

 말 한마디가…… 엄마의 다른 집 아이에 대한 부러움으로 인한 욕심에 찬 말 한마디가…… 아니면 자식을 너무도 사랑해서 아이의 동기를 강화시켜 주고 좀 잘해 보라고 채찍의 말 한마디를 한 것인데, 그 채찍의 말을 한다는 것이 그만 남의 집 아이에 비하여 자기 자식이 좀 못하다고 말한 꼴이 되어 버렸다. 그리고 그것이 결국엔 내 아이의 자존심을 통째로 무시한 꼴이 되었고, 끝내 아이가 이 세상과 결별하게끔 하게 했다면, 우리 부모는 그때 가서 아무리 후회를 한들 무슨 소용이 있겠는가?

12

옛날, 엄마 아빠 어렸을 때는……

- 옛날엔, 이 녀석아, 며칠씩 밤을 새워도 끄떡없었어.
- 엄마는 뭐, 학원 근처에도 안 갔었다.
- 엄마 아빠는 뭐 부모가 해 준 줄 알아!
- 엄마 어렸을 땐, 그런 것 안 먹고 안 입어도 공부만 잘했어.
- 네 형은 정말이지 돈 안 들이고 컸다.

　자녀들이 남의 집 아이들과 비교당하는 것 이상으로 듣기 힘들어하는 것이 집안 식구들과의 비교다. 이를테면, 엄마 아빠가 어렸을 때 온갖 역경 속에서 자랐음에 비교되거나, 형제가 있을 때 형으로서 동생에게 비교되거나 동생으로서 형에게 비교될 때, 아이들은 몹시 분노한다.

　"야! 넌 형이 되어 갖고서는, 뭐야! 동생 좀 봐라. 동생 보기에 창피하지도 않냐!"

　"넌 어째 그 모양이냐! 어떻게 형이 되어 갖고서는 그래 동생한테 뭐 본을 보이는 게 그렇게도 없냐!"

　"네가 형으로서 그러니까, 이 자식아. 동생도 저 모양이지……."

136

"넌 어째 형 하는 것 보고 눈꼽만큼도 따라 배우는 것이 없냐!"

"넌 그저 형 반만 따라가도 이 엄마 소원이 없겠다."

"옛날 말이 하나도 안 틀린다니깐. 형만한 아우 없다더니. 하여간 넌 막내라서 그러냐! 어째 형하고는 그렇게 다르냐!"

"어느 집은 큰놈만 잘 키워 놓으면 작은놈은 거저 먹기라고 하던데. 이건 어떻게 돼서 거꾸로 가는 거야!"

"너, 고종사촌 봤지? 걔가 너하고 같은 학년 아냐! 야, 걔는 후진 동네, 후진 학교에 다녀도 공부만 잘한다더라. 걔가 이번 수능 모의고사에서 전국 5%에 들었다더라."

"넌 좀 창피하지도 않냐! 이모네 아이 봐라. 걔가 뭐 너처럼 비싼 과외 받냐? 야, 걔는 동네의 거지 같은 학원에 다니는데도 반에서 항상 1등이란다."

"넌 이놈아, 미국에서 1년씩이나 살다왔는데……. 너 왜 이모네 동생 있지? 그 아이는 바다 건너는 제주도도 못 갔다 왔는데, 영어회화를 능숙하게 한다더라……. 어학연수 백날 다녀도 다 소용없어! 어디서든 다 지 하기 나름이야!"

그래서 아이들은 설 때고 추석 때고 또는 누구 결혼식 때고 친척들이 모이는 곳에 가기 싫어한다. 또래 아이들이 모이면, 어른들은 매번 너는 몇 학년이냐, 너는 그래 공부를 어느 정도나 하느냐, 대학은 어딜 가려고 하느냐…… 같은 질문 공세에 이어, 나중에는 씨름 한 판 해 보라는 둥 싸움까지 시킨다. 또 어떤 때는 유치원 아이들마냥 노래자랑까지 차례대로 시키면서 비교한다. 아이들은 정말이지 그런 비교를 싫어한다. 싫어하는 것에 멈추는 것이 아니라, 속으로 분노를 삼킨다.

또한 아이들은 부모의 어린 시절과 비교될 때 매우 힘들어한다. 물론 좋게 비교되면 아무 문제가 없다. 이를테면, "엄마 아빠는 중학교 졸업할 때까지도 영어 한마디 못했는데, 너희들은 겨우 초등학교 1학년, 3학년인데도 어쩜 그렇게 영어를 잘할 수 있느냐." 하면서 비교할 때 아이들은 으쓱해한다. 즉, 엄마 아빠의 어린 시절보다는 아이들이 훨씬 지적으로 정서적으로 신체적으로 더 좋게, 더 낫게 성장하고 있음을 확인시켜 주는 비교를 할 때, 아이들은 그것을 기쁘게 받아들이고 더 큰 자신감과 더 큰 성취동기를 형성한다.

그러나 문제는 그 반대로 비교가 진행될 때다. 그러니까 나이 먹은 어른들이 요즘의 젊은 세대를 향하여 혀를 차면서, '요즈음 아이들은 우리 어릴 적과는 너무도 다르다' '아이들이 너무나 버릇이 없다' '너무도 어리석다' 하는 식으로 한탄하는 것과 같은 탄식을 집안에서 부모가 자녀들에게 말하면서 비교하는 경우다. 이러한 비교는 특히 자녀가 부모에게 무엇인가를 요구할 때 부모가 그것을 거절하면서 잘 이루어진다. 요즈음 아이들은 그렇게 키워져서 그런지 그저 무엇이든지 부모에게 물어보고, 부모가 선택해 주길 바라고, 부모가 결정해 주길 바란다. 그렇기에 아이들은 으레 어떤 일을 하고자 할 때, 그러한 선택과 결정을 부모에게 요구하고 나선다. 또 아이들 입장에서 보면, 그러한 부모의 선택과 결정을 그저 존중하고 순종하면, 부모와 아무런 갈등도 생기지 않음을 아이들도 안다. 또 설혹 그 결과가 잘못되었더라도, 그 책임은 부모에게 귀속된다고 생각하기 때문에 아이들은 부모의 선택과 결정을 요구한다. 그리고 그런 요구는 지극히 작은 일에서부터 자신의 일생을 결정짓는 큰일에까지 두루 이루어진다. 그러나 부모들은 자녀가 그런 요구를 해 오면, 으레 또 아이들에게 한마디한다.

"너, 어째 애가 그러냐! 아니, 그래, 그런 것까지 엄마가 다 말해 주어야 되냐! 아니, 그래 너 혼자서 그까짓 것을 못해서 그저 엄마한테 물어보냐! 아니, 이 녀석아! 엄마가 옛날에 너만 했을 때는 엄마 혼자서 모든 것을 다 했어! 엄마는 처음부터 끝까지 전부 혼자서 했구먼. 어쩜 너희는 그러냐! 이 헛똑똑이야!"

이런 식으로 자신들이 어렸을 때는 지극히 어려운 환경 속에서 모든 것을 자기 스스로 다 했는데 하면서 옛날의 자신과 지금의 자녀를 비교한다. 그러면 아이들은 속으로 생각한다. '그렇다고 또 엄마에게 아무런 의논(?)도 없이 그냥 하면 뭐라고 하셨던가?'

"넌 어째 모든 것이 네 맘대로냐! 아니 그래, 어떻게 너는 에미애비가 눈이 시퍼렇게 살아 있는데…… 그래, 모든 것을 네 맘대로 선택하고, 네 맘대로 결정하고, 네 맘대로 하냐! 그래 어디 해봐! 네 맘대로 얼마든지! ……엄마는 옛날에 어렸을 때 밖에도 내맘대로 한번 나가 돌아다니지 못했어! 요즘 것들은 그냥, 하여간에 못 말려!"

그러면 아이들은 이렇게 말할지도 모른다. "도대체 우리보고 어쩌란 말이에요? 모든 것을 부모에게 말하고 의논해서 하란 얘기예요? 아니면, 우리보고 알아서 스스로 하란 얘기예요?"

정말이지 아이들은 헷갈린다. 그래도 아이들은 각기 저 편한 대로 생각하기 마련이다. '그래도 엄마에게 물어보고 하는 편이 낫지. 괜스레 혼자 했다간 욕먹을라……' 그래서 아이들은 그저 모든 일에 대하여 엄마에게 허락을 요구한다.

"엄마! 나, 이거 입을까?"

"엄마! 나, 학원에 갔다 오다가 머리 깎을까, 아니면 가기 전에 깎고 갈까?"

"엄마! 나, 애들이 어린이공원에 가자는데 같이 갔다 올까?"

"엄마! 나, 인문계랑 자연계 중에 골라야 하는데 어떻게 하지? 그냥 인문계 갈까?"

"엄마! 나, 지금 만나는 여자아이하고 그냥 결혼하자고 할까?"

그러면 엄마는 으레 모든 것을 선택하고 결정해 준다. 그러면서 당신의 옛날은 어떠했다는 이야기가 연이어 함께 쏟아진다. 그리고 아이는 그렇게 부모의 옛날 어린 시절과 비교되면서 비난을 받게 되면 기분 나쁘지 않을 수가 없다.

"요즈음 아이들은 옛날에 우리가 자랄 적과 너무 달라! 먹기도 잘해서 그런지, 키들도 삐죽 크고, 허우대도 다 잘 생기고……. 그런데 머리통은 왜 그런지 몰라. 생각하는 게 짧고…… 애들이 독립심이 없어……. 우린 그렇게 안 자랐는데 말야……."

그렇다면, 요즈음 아이들을 누가 그렇게 만들었을까? 옛날의 당신들은 안 그랬다는데, 그러면 누가 요즈음 아이들을 그렇게 만들었을까?

모든 일에 있어서 과거지향보다는 미래지향이 더 바람직하다. 물론 온고지신溫故知新이란 말도 있다. 옛것을 익히고 그것을 미루어 새로운 것을 알게 된다는 뜻이다. 그러나 옛날에는 얼마나 잘했고, 얼마나 좋았고, 얼마나 컸는지를 기준 삼아 오늘은 왜 그다지도 잘 못했고, 나쁘고, 작고 하는가를 따져 가면서 비판하는 것은 꼭 바람직하지만은 않다. 더욱이 옛날에 그런 일이 벌어진 상황에 대한 이해는 없이 그저 결과만 갖고 계량적으로 비교해서 지금의 상태를 비판하는 것은 바람직하지 못하다.

특히 아이들의 경우, 성적 같은 것으로 작년에는 네가 반에서 몇 등이었는데 올해는 왜 그렇게 떨어졌느냐 하는 식으로 옛날을 들추어내면서 비교할 때, 아이들은 실망하고 분노한다. 잘못한 일의 경우도 그렇지 않던가! 아이가 지금 무엇을 잘못했는지만 가지고 꾸중하거나 비난하면 된다. 그런데 꼭 옛날, 언제, 어디서, 어떻게 네가 그런 잘못을 했었다는 것을 모두 다시금 들추어내서 이야기하면서 오늘의 잘못을 비교하고 비판하면, 아이들은 정말 괴로워한다. 괴로움으로만 끝나는 것이 아니다. 어떤 아이들의 경우, 그런 잘못을 또다시 하게 될까 불안한 마음을 가슴속에 키우게 된다. 그리고 결과적으로 그런 잘못을 자기도 모르게 반복하는 결과를 초래한다.

부모가 하지 말아야 할 21가지 말

옛날과 비교하지 말라! 그 옛날 당신의 어린 시절, 당신들은 역경 속에서도 아주 잘 해냈는데, 지금 아이들은 이 좋은 조건 속에서도 왜 그렇게 못하는가 하는 식으로 옛날과 비교하지 말라. 아이 자신의 경우에 대해서도 아이의 옛날과 오늘을 자꾸 비교하지 말라. 옛날은 이제 지나가 버린 것이다.

자녀의 개별적 독특성을 인정해 주라

　부모가 집안에서 자주 하는 말 가운데 이런 것이 있다. 자녀가 둘 또는 그 이상인 경우에, "어쩜, 한 배 속에서 나온 자식들인데도 저렇게 서로 다를 수 있을까?" 또는 자녀가 하나라 하더라도, "어쩜, 내 배 속으로 난 새끼지만 저렇게 제 에미 애비하고는 다를 수 있을까?" 하는 식의 이야기다. 우리가 밭에 배추씨나 무씨를 뿌려 수확을 하면, 대체로 비슷한 성질과 비슷한 모양의 배추나 무를 거두어들이게 된다. 같은 밭에 같은 씨를 뿌린 채소처럼 아마 자녀에게도 같은 성질과 같은 모양의 자녀를 낳게 되길 기대했기에 이런 이야기를 하는지도 모른다. 특히 아이들이 부모의 기대만큼 커 주지 못할 때, 또 부모의 기대만큼 잘 해내지 못할 때, 그러한 한탄 조의 이야기를 많이 하게 된다.

　그러나 배추나 무도 그렇듯이 사실 엄격히 정밀하게 따지면, 이 세상에 그 어느 것도 똑같은 것은 하나도 없다. 언뜻 보기에는 성질과 모양이 똑같아 보여도 그 내면을 들여다보면 적어도 조금

씩의 차이는 그 어느 것에든 있다. 일란성 쌍둥이라 하더라도 그들은 분명 다르다. 외모가 정말 똑같아 보여도 세세히 따지면 어느 한구석에 세세한 차이가 보인다. 성격 면에서도 쌍둥이는 결코 완벽하게 똑같을 수는 없다. 한마디로, 이 세상의 모든 존재는 각기 저마다의 고유한 특성을 지니고 있는 것이다. 그것이 어찌 보면 하나님의 섭리인 듯싶다. 우리는 그러한 개별적 독특성을 흔히 개인차라고 부른다. 그리고 한 개인이 저 나름대로의 각기 존엄한 존재가치를 갖는 것도 바로 그러한 개인차에서 비롯하는 것이다.

이렇듯 우리는 저마다 개인적 독특성을 갖고 있으며, 그것을 존중해 주는 것이 바로 모든 교육의 기본원리로 받아들여져야 한다. 자녀를 양육함에 있어서도 자녀가 갖고 있는 개별적 독특성을 인정해 주고, 그것을 오히려 장점으로 배려해 주며, 장점으로 삼아 키워 주는 것이 자녀 양육의 기본원리가 되어야 한다.

기독교적인 이해를 바탕에 깔면, 그러한 개별적인 독특성은 하나님께서 모든 사람에게 각기 내려 주신 달란트일 수도 있다. 교육은 각 개인이 저마다 본능적으로 타고난 달란트를 발견하여 그것을 키워 내 주는 것, 그것을 최대한으로 개발시켜 주는 것으로 설명할 수도 있다. 오늘날 한국 교육, 특히 유치원에서부터 초중등학교에 이르기까지의 교육에서의 문제는 그러한 개별적 달란트를 찾아서 키워 주지 못하고 있는 데서 출발한다고 해도 과언이 아니다. 아니, 키워 주기 이전에, 한 아이가 어떤 달란트를 타고났는지 찾을 줄도 모르고 찾아 주려는 노력도 안 하고 있는 데

146

문제가 있는 것이다. 그러고는 그저 모든 아이를 너 나 구별 없이 무조건 대학으로 밀어 넣으려는 데서 문제의 심각성은 더욱 커진다고 하겠다.

우리는 아이들이 지극히 어렸을 때부터, 또는 태어나는 순간부터 너 나 구별 없이 그저 똑같은 잣대에 비추어서 비교하고 평가하며 판단하려고 한다. 그것도 그저 평균적인 수준의 아이와 비교하는 것이 아니라, 그 또래, 그 집단에서 가장 빠른 아이, 가장 앞선 아이를 기준 삼아 똑같이 비교하고 판단하며 평가하는 것이다. 그리고 그 결과 자기 아이가 그 비교대상 아이보다 좀 느리고, 뒤처지고, 모자라고, 작거나 적으면, 아이에게 종주먹을 들이대고 다그치게 된다.

물론 자본주의 사회의 기본적인 특성 중 하나는 경쟁이다. 긍정적인 관점에서 볼 때, 경쟁은 서로 간에 성취동기를 강화시켜 주기도 하고, 성취감을 느끼게 해 주는 것의 근원이 되기도 한다. 또한 인간은 누구든 남보다 더 높은 성취를 이루어 내고 싶은 본능적 욕구를 지니고 있다. 이런 것이 서로 상승작용을 일으켜서, 사람들은 그저 모든 일에서 본능적인 경쟁을 벌인다. 부모가 굳이 강요하지 않아도 자녀들은 본능적인 경쟁을 벌인다. 어떤 곳에 가서 줄을 설 때도 아이들은 벌써 안다. 어떻게든 그 줄의 맨앞에 가서 서야만 자신이 손해를 덜 입고, 남보다 더 큰 이득을 얻게 될 것이라는 것을 아이들도 본능적으로 이해하고 또 그렇게 행동하게 된다. 그런데 여기에다 부모들의 욕심까지 가세되면, 아이들은 싫건 좋건 치열한 경쟁대열에 뛰어들어 허우적거리면서 치열한 싸움을 벌이게 된다.

경쟁이 결코 나쁠 수는 없다. 우리는 상호 경쟁해야 한다. 그러나 문제는 그 경쟁의 근원이 다른 상대와의 비교에서 비롯하는 데 있는 것이다. 즉, 옆집 아이, 엄마 친구 누구네 집 아이, 자기 반의 어떤 아이, 친척 가운데 어떤 아이 또는 자기 집안 형제 중 형이나 동생 등과의 상대적 비교에 기초하여 아이에게 경쟁을 부추길 때, 문제가 생겨나기 시작한다. 물론 그러한 비교를 통해 아이의 어떤 성취동기를 좀 더 강화시켜 주려고 할 때는 그리 큰 문제가 되는 것은 아니다. 그러나 그러한 비교가 아이의 개별적인 독특성, 즉 개인차를 통째로 무시하고, 그래서 결국엔 아이만이 갖고 있는 독특한 달란트가 송두리째 짓밟히고 말 때에는 문제가 커지기 시작하는 것이다.

특히 학습에서 다른 아이들과 비교하여 어떻게든 자기 아이가 그들보다 좀 낫게 하기 위해 다른 아이들을 이기도록 하려는 욕심은 결국 아이들에게 무리한 선행학습을 요구한다. 즉, 미리 앞당겨 배우는 것이다. 이것이 많은 부모의 공통된 심리다. 그리고 일부 사설학원들이 부모의 이런 본능적 욕구를 교묘하게 부추겨서 자녀들의 선행학습을 경쟁적으로 하게끔 만든다. 어린이집에 다닐 나이가 되면, 이미 유치원에 다니면서 배우게 될 내용을 앞당겨서 가르치고 배운다. 또 유치원에 갈 나이면, 초등학교 저학년에 가서 배우게 될 내용을 미리 앞당겨서 가르치고 배운다. 이렇게 경쟁적으로 앞당겨서 가르치고 배우는 일은 아이가 초중등학교에 다니게 되면 극에 달한다. 고등학교 수준의 영어나 수학을 중학교에 다닐 때 온갖 과외나 학원수강을 통해서 경쟁적으로 미리 앞당겨 배운다. 여기서 한 가지 재미있는 것은, 고등학교 학생들이 학원에 가서 대학에서 가르치고 배울 내용을 미리 앞당겨 배우는 일은 그리 흔하지 않다. 하여간 우리네 어린 자녀들은 너나 할 것 없이 모두가 치열한 경쟁적 선행학습 열풍에 휩싸여 있다. 그리고 그 저변에는 다른 아이들과 비교하여 내 자식만큼은 결코 뒤처지게 할 수 없다는 부모의 강렬한 본능적 욕구가 깔려 있다. 그리고 그러한 부모의 지나친 욕구는 결국 아이들의 모든 개별적 독특성을 통째로 말살하고 있다.

아이들은 정말 서로 다르다. 앞에서도 이야기했지만, 아무리 한 배 속에서 태어났다 해도 아이들은 정말로 서로 다르다. 식성이 다르고, 생김새가 다르고, 하는 짓이 다르다. 좋아하고 싫어하는 것이 다르고, 행동이 느리고 빠름이 다르고, 감정이 차갑고 뜨거움이 서로 다르다. 특히 학습에 영향을 미치는 모든 형태의 학습 습관에서 아이들은 저마다 서로 다르다.

어떤 아이는 소리 내어 공부를 해야 공부가 잘되는가 하면, 어떤 아이는 속으로 조용하게 공부해야 잘 된다. 어떤 아이는 귀에 이어폰을 꽂고 음악을 들으면서 공부를 해야만 공부가 잘되는가 하면, 어떤 아이는 그냥 잔잔한 음악을 방 안에 틀어 놓아야만 공부가 잘될 수 있다. 자기 아이의 공부 습관을 잘 살펴보라. 그런 특성은 얼마든지 쉽게 발견할 수 있다. 물론 그것들 가운데는 반드시 고쳐야만 할 나쁜 습관도 있다. 하지만 대부분의 경우는 굳이 고쳐 주지 않아도 될 성싶고 괜찮은, 그 아이 나름대로의 독특한 성질의 습관이다. 그때는 오히려 그것을 잘 살려 주는 것이 좋을 터인데도, 그런 것까지 다른 아이들의 습관과 비교해서 무조건 뜯어 고치려고 하는 부모가 많다.

어떤 엄마들은 친구들 모임에서 학습에 관한 특별한 정보를 얻어 온다. 이를테면, "그 집 아이는 글쎄 영어책을 그냥 통째로 다 외웠다더라." 하는 식의 정보다. 그러곤 집에 와서 그런 정보대로 자기 아이를 공부시키려고 한다. "야, 너도 이제부턴 그러지 말고 영어책을 무조건 통째로 다 외워! 알았어? 하여간 외워! ……너라고 못 외울 게 어디 있어! 걘 뭐 별난 아이냐! 너보다 머리도 별로 좋아 보이지 않는데도 다 외웠다는데 니가 못 외울 게 어디 있어! 그까짓 것 하면 하는 거지! 하여간 다 외워! 알았지?" 하는 식으로 아이를 밀어붙이는 것이다.

엄마들은 이따금 여성 월간지 같은 잡지에서도 그와 비슷한 자녀양육에 관한 정보를 얻는다. 그런 책을 제값 다 주고 사기는 아깝다 싶은지 사지는 않고 미용실이나 은행 같은 곳에 가서 기다리는 동안 이렇게 저렇게 펼쳐 보다가, 어떤 유명인사(?)가 아이를 이렇게 가르쳐서 미국의 명문대학에 합격을 시켰다는 등의 정보를 얻어 온다. 어디 그뿐인가? 요즘은 여러 일간신문에서 아예 별도의 섹션으로 자녀들의 학습에 도움을 주려고 기사들을 모아서 제공해 준다. 그러면 엄마들은 그런 것을 읽고 난 후에 그것을 어떻게 우리 아이에게 적용할 수 있는지를 곰곰이 따져 보지도 않고 무조건 아이에게 그렇게 할 것을 강요한다. 즉, 어떤 건강식품이든 먹는 사람의 체질이나 체성에 맞아야 효과를 볼 수 있음에도 그런 것을 제대로 따져 보지 않은 채, 그냥 몸에 좋다니까, 너도 먹는데 나도 먹어야 되지 않겠느냐 하는 심사로 무조건 먹는 것과 다를 바가 없다. 그렇게 해서 건강식품을 잘못 먹고서는 오히려 건강을 더 해치는 결과를 가져오듯, 학습에서도 결국엔 더 나쁜 결과를 가져오는 것을 우리는 주변에서 쉽게 찾아 볼 수 있다.

다른 아이들과의 무조건적인 비교, 다른 아이들보다 내 아이를 더 잘 키우려는 무조건적인 욕심, 남을 밀어내고 어떻게든 이겨야 한다는 본능적인 욕구…… 이런 것이 결국엔 내 아이를 얼마나 망치는가 하는 것을 이제 더 이상 강조하지 않아도 모두 이해하리라고 본다. 또한 그러한 비교는 그저 같은 또래의 다른 아이들과의 비교만을 뜻하는 것은 아니라는 것도 이해하리라고 본다. 앞에서도 언급했지만, 시간적으로 '옛날'과 비교하여 '오늘'의 아이를 밀어붙이고 질책하고 비난하는 것도 바람직하지 못하다. 세상은 항상 쉼 없이 변화한다. 더욱이 요즈음 세상은 하루가 다르게 빠른 속도로 변화하고 있다. 변화의 속도 자체가 엄청 빠르다. 그렇기에 누구에게나 보편적으로 적용되고 기대되는 정형화된 틀을 분명하게 설정하기 어려운 것이 요즈음의 현실이다. 원하든 원하지 않든 사람들은 모두 저마다의 고유한 개별적인 독특성을 갖게 마련이다. 어린아이도 마찬가지다. 저마다 내면적인 동기가 다르고, 그래서 어떤 일에 대하여 내딛는 첫걸음부터 모두 다르다. 그야말로 시작부터 끝까지의 모든 과정이 저마다 다른 것이다. 더욱이 그러한 과정은 부모들의 옛날 어린 시절과는 크게 다를 것이다. 결코 그러한 과정에 정답이란 있을 수 없다. 그것이 곧 우리가 어린아이 각각의 개별적인 독특성을 인정해 주어야 하는 이유이기도 하다. 이를테면 다음과 같은 언어표현을 통해서 말이다.

- ☘ "괜찮아! 시작이 남들보다 늦다고 해서 꼭 끝나는 것도 남들보다 늦는 것은 아니니까!"
- ☘ "사람들은 다 제각기 자기 방식이 있는 법이야! 너는 네 방식대로 해……."
- ☘ "엄마 아빠가 옛날에는 어쩔 수 없이 그럴 수밖에 없었지만, 너희들도 반드시 그래야 하는 것은 아냐!"
- ☘ "걔는 걔고, 너는 너야! 걱정하지 마라! 남하고 경쟁하는 것이 중요한 것은 아니야. 자기와의 싸움이 중요한 것이지!"
- ☘ "그것이 바로 너의 장점인 것 같아! 너의 개성이고 너의 특성이야! 엄마는 너의 그런 점이 오히려 좋단다!"
- ☘ "한번 해 봐! 그러나 모든 것은 네가 책임을 지는 거야!"
- ☘ "너 나름대로 최선을 다 했으면 돼! 그리고 결과가 어떻게 나오든 깨끗이 승복하고……."

Chapter 05

자녀를 친구나 세상으로부터 격리시키지 말라

13 너, 그 아이하고 다시는 어울리지 마!

> • 너, 걔 또 집으로 데려와 봐. 내가 그냥 안 놔둘 거야!
> • 너, 또 걔네 집에 가서 놀았냐! 너, 엄마가 몇 번 얘기해야 알아듣냐!
> • 너, 뚝방 사는 애들, 걔네들이 어떤 애들인지나 알고 몰려다니냐!
> • 그래서 다 끼리끼리 어울리는 법이야. 너는 결코 그런 애들에게 휩쓸려서는 안 돼!
> • 너, 걔네들하고 맨날 문자질 하고 몰려다니고 그러면 휴대폰 뺏는다!

　　부모가 되어서 자녀들에게 처음으로 제일 많이 하는 잔소리의 하나는 아이들의 편식을 염려하는 말일 성싶다. "골고루 먹어야 돼! 고기만 좋아하고 그러면 안 돼. 야채도 먹고, 김치도 먹어야 돼. 너, 야채도 골고루 먹어야 한다." 아마도 성인이 된 부모들 역시 어렸을 때, 그들의 부모님한테서 자주 들었던 잔소리일 것이다.

　　옳은 이야기다. 편식은 건강에 나쁘다. 특히 신체적으로 한창 성장단계에 있는 어린아이들은 영양소를 골고루 섭취해야 함은

만고의 진리다. 그리고 그러한 '골고루'의 원칙은 비단 영양소 섭취에만 해당하는 것은 아니다. 뒤에 가서 이야기하겠지만, 공부를 하는 데 있어서도, 또 세상을 경험하는 데 있어서도 마찬가지로 적용된다. 특히 그러한 '골고루'의 접촉 원칙은 어린아이들이 사람을 만나고 경험하는 일에서도 매우 중요하다.

사람은 평생 많은 사람과 관계하며 삶을 살아간다. 곧 사람과의 관계 형성이 삶의 성패를 가름하기도 한다. 그렇기에 성장 단계에 있는 아이들이 다양한 종류의 사람들과 접하도록 도와주는 것이 부모의 중요한 역할 중 하나다. 옛날 대가족 제도가 지니고 있었던 장점 중 하나는 아이들이 성장하면서 다양한 연령층의 세대를 접촉할 수 있었다는 점일 것이다. 할머니, 할아버지 세대와의 잦은 접촉은 아이들의 온전한 성장 발육에 큰 도움이 되었던 것이다.

사람과의 관계를 배우는 데 있어서 아이들에게 필요한 중요한 접촉은 또래들과의 접촉이다. 서너 살 위아래의 형이나 동생들과의 접촉도 중요하다. 더욱이 혼자서 또는 많아 보았자 둘이서 자랄 수밖에 없는 요즈음 신세대 형제구조에서는 집 밖에서 이루어지는 친구나 형, 동생들과의 접촉이 그 어느 때보다 중요하다.

뿐만 아니라, 요즈음 아이들은 너 나 할 것 없이 모두가 바쁘다. 학교로, 학원으로 온종일 내몰리다 보면, 친구들과의 신체적 만남과 교류가 지극히 어렵다. 만날 시간도 없다. 함께 떼지어 다니며 놀 수 있는 시간도 없다. 옛날에 비해서 기회도 그렇게 많지

부모가 하지 말아야 할 21가지 말

않다. 그렇기에 아이들은 휴대폰이나 이메일 같은 통신기계를 활용하여 서로 접촉을 꾀한다. 틈만 있으면 아이들은 서로 문자를 주고받는다.

그런데 이러한 아이들의 만남과 접촉에 대하여 부모가 무조건적이고 맹목적인 제한을 둘 때 문제가 발생한다. 특히 부모가 자녀들이 관계하는 친구나 또래에 대하여 무조건적으로 제한을 가할 때, 부모와 아이들의 갈등은 싹트기 시작한다. 물론 음식을 골고루 먹는다 해도 깨끗한 음식, 제대로 된 음식을 먹어야 하듯이, 친구를 사귀고 만나는 일도 그래야 함은 지극히 당연하다. 그렇기에 부모들은 늘상 "너보다 잘난 아이들과 친구를 해라!" "친구 잘못 만나 인생을 망치는 사람도 많다." "사람은 그 사람의 친구가 누구인가를 보면 아는 법이다."라는 식의 논리를 내세워 자녀가 그저 마구잡이로 아무하고나 어울릴까 봐 걱정을 한다.

"야! 너 지금 누구한테 전화한 거야! 너 또 그 아이랑 축구하려고 하는 거냐! 고수부지에도 이젠 더 이상 가지마! 너, 그 중학교 형들 담배 피우고 그러지?"

"엄마는 걔네 부모가 마음에 안 들어! 어떻게 자식한테 그렇게 무관심할 수가 있냐! 걔네 엄마, 시장에서 장사한다고 했지! 보고 배운 게 그렇겠지! 야! 너 더 이상 그 아이하고 친구 하지 마!"

"그래, 아무리 돈이 없어도 그렇지. 그래 아이 학원 하나도 제대로 못 보내면서…… 참, 나~원……."

부모가 자녀에게 특정한 친구들과 어울리지 못하도록 하는 데는 여러 가지 이유가 있다. 친구 잘못 사귀어서 나쁜 길로 빠질까 봐, 괜스레 공부하는 데 방해될까 봐, 그저 못된 행동이나 버릇을 익히게 될까 봐…… 등등이 있다. 그러나 그러한 바람직한 측면에서의 이유이기보다는 그저 부모의 비뚤어진 편견에 바탕을 둔 이유가 주로 작용할 때는 문제가 자못 심각해진다. 이를테면, 그 아이네 집이 가난하다는 이유로, 그 아이가 공부를 못한다는 이유로, 그 아이가 신체적으로 장애가 있다고 해서, 그 집 부모가 특정 종교에 빠져 있다고 해서, 그 집 부모의 직업이 어떠하다 해서, 또는 그 아이가 사는 동네가 어떠하다고 해서 등의 이유로 자기 아이가 그런 아이들과 만나고 교류하는 것을 원천 봉쇄하는 경우다. 이러한 경우, 부모와 자녀 간의 충돌로 이어질 때가 자못 많다.

아이들은, 어른들도 마찬가지이지만, 자기가 소중히 여기는 것에 대한 집착이 강하다. 특히 자아정체성이 제대로 확립되어 있지 않은 시기의 아이들은 그 어느 때보다도 동일시나 소속감에 대한 욕구가 강하다. 그리고 그러한 욕구가 강할수록 아이들은 자기가 소중히 여기는 것, 특히 소중히 여기는 사람친구에 대한 집착이 강하다. 그리고 그런 친구들로부터 아이를 격리시키려 하면, 아이들은 저항한다. 이때 저항은 때로는 자신의 목숨을 걸만큼 강하게 나타난다. 그렇기 때문에 부모가 이 시기의 아이들에게 깊이 생각하지 않고 그저 누구와는 관계를 끊어라, 사귀지 말라는 말만 하게 되면, 아이들은 심한 상처를 받는다. 더욱이 그런 말을 설득력 있게, 그러면서도 따뜻함을 잃지 않고 얘기하는 것이 아니라, 거의 욕에 가까운 수준에서 고성으로 분노에 차 이야기하면, 결과적으로 아이들에게 엄청난 상처를 가져다준다.

사실 따지고 보면, 이 시기의 아이들은 어른들처럼 친구들의 어떤 사회적, 경제적 배경을 크게 개의치 않는다. 특히 부모로 인해서 자녀들에게 부여되는 지위에 크게 개의치 않는다. 부모가 부자라고 해서 아이가 부자인 것은 아니라고 생각하기 때문인지도 모른다. 오히려 그렇게 생각하는 것이 더 바람직할 수도 있다. 그래야만 아이들은 친구들과의 사귐에 있어서도 '편식' 하지 않고 골고루 경험할 수 있는 것 아니겠는가? 공부 잘하는 아이와도, 공부 못하는 아이와도, 신체에 장애가 있는 아이와도, 단칸방이나 달동네에 사는 아이와도, 고층아파트 펜트하우스에 사는 아이와도, 할머니와 할아버지가 함께 사는 집 아이와도, 한두 살 더 먹은 형과 누나들과도, 한두 살 적은 동생들과도, 또한 남자아이든 여자아이든 폭넓게 사귈 수 있도록 도와주는 것이 바람직하다.

하긴, 아이들은 친구의 부모가 어디에서 무엇을 하는 사람인지 잘 모른다. 또 그것을 서로 묻거나 따지지도 않는다. 괜스레 부모들이 꼬치꼬치 묻는다. "걔네 아빠는 어디 다니시던?" "그 친구 엄마는 어느 직장에 다니던?" "그 엄마도 차 있냐?" "그 아이 형은 어느 학교에 다니는데……?" 하는 식으로 부모들은 아이가 만나는 친구들의 사회경제적 배경에 대하여 묻지만, 이때 대부분의 아이들은 "몰라요!" 하고 저항이 섞인 반응을 내보인다. 왜 그런 것을 물으며, 왜 그런 것이 중요한가 하는 식의 저항이 깔려 있는 것이다.

　"너, 앞으로 그런 아이들과 계속 문자 날리고 떼지어 다니면, 엄마가 휴대폰 압수할 거야!" 아마도 아이들은 이런 말을 가장 싫어할 것이다. 그리고 부모에게 대해서 가장 실망을 느끼고 저항하게 될 것이다. 어쩌면 치사한 생각도 들 것이다. "내 참! 치사해서 내가 아르바이트를 해서라도 내 돈으로 휴대폰 산다. 그래, 이까짓 휴대폰 압수해라! 압수하라고!" 벽에다 대고 소리치면서 휴대폰을 내동댕이친다면 어떻게 할 것인가? 무조건 어디서 이런 버릇없는 짓을 하느냐고 소리치면서 아이를 야단칠 것인가? 우리는 아이들이 세상과 친구들로부터 격리되는 것을 가장 두려워하고 있음을 이해해야 한다.

부모가 하지 말아야 할 21가지 말

14
제발 한눈팔지 말고 곧장 와!

• 뭘 그렇게 두리번거리냐! 뭘 볼 게 있다고!
• 정신 차려! 그렇게 한눈팔아 갖고 네가 뭘 할 수 있겠냐!
• 엄마가 뭐랬니! 곧장 오라고 했지! 거긴 쓸데없이 왜 들리니! 거기서 문 열어 놓고 널 기다리더냐! 미친놈 같으니라구.
• 너 정말 그럴 거야! 자꾸 그렇게 한눈팔면 엄마가 이젠 너 안 데리고 다닌다.
• 그러길래 엄마가 집에서 그냥 책이나 보고 있으라고 했지! 왜 따라나서서 이렇게 엄마를 귀찮게 하냐! 이 웬수야!

　　엄마는 저번에 백화점에서 사 왔던 블라우스가 이내 마음에 걸렸다. 아무래도 디자인이 먼저 골랐던 것이 나아 보인다. 집에 와서 몇 번 다시 입어 보니까 막상 사 갖고 온 것이 마음에 안 들었던 모양이다. 괜스레 백화점 아가씨가 이게 더 잘 어울린다고 해서 가져왔지만, 영 마음에 안 든다. 그래서 엄마는 오후에 일곱 살짜리 아이를 데리고 백화점에 다시 갔다. 3층에 올라가서 그것만 얼른 바꾸고 나올 셈이었다. 1층에 들어서자 엄마는 얼른 2층으로 올라가는 에스컬레이터로 갔다. 아이의 손목을 꼭 잡고. 그러나 아이는 엄마에게 이끌려 가는 채, 그저 사방을 두리번거린다. 1층 화장품 코너의 예쁜 누나들을 보느라 그런지, 아니면 온통 울긋불긋한 갖가지 화장품과 성탄 선물용 물품들이 눈에 들어왔는지 아이는 정신없이 주변을 두리번거리면서 엄마에게 이끌려 에스컬레이터를 탔다. 그래도 아이는 연신 아래를 내려다보는가 하면, 또 올라가는 에스컬레이터 옆에 걸려 있는 여러 장식들을 보느라 정신없다. 그러자 못 견디겠다 싶었던 엄마가 이내 소리친다.

"너, 지금 뭘 그렇게 두리번거리는 거야! 엄마가 앞만 보고 가랬지, 한눈팔지 말고. 그리고 에스컬레이터 타면 어떻게 하랬어!"

"……."

"옆에, 여기 꼭 잡고 서 있으랬잖아! 너, 그러다 넘어지면 어떻게 할 거야! 너, 정말 한번 다쳐 봐야 정신 차릴 거야!"

"……."

"내가 괜히 데리고 나왔지! 그러니까 엄마가 그냥 집에서 놀고 있으랬잖아! 엄마 금방 갔다 온다고. 아니 그래, 일곱 살인데, 내년이면 학교도 갈 텐데, 그 잠깐도 혼자 집에 못 있니……. 너, 앞으로 엄마 따라다니려면 정말 한눈팔지 말고 잘 따라다녀야 돼! 그렇지 않으면 안 데리고 다닐 거야!"

엄마가 계속 혼잣말하듯이 이야기했지만, 그래도 아이는 아랑곳하지 않고 2층, 3층으로 올라가면서 사방을 기웃거리고 쳐다본다.

사실 아이들은 어찌 보면 주의가 산만하고 두리번거리는 것이 정상이다. 세상을 이제 막 경험하기 시작한 아이들에게는 그저 모

든 것이 궁금하고, 모든 것이 새롭고, 모든 것이 재미있다. 그렇기에 아이들은 바쁘다. 이것도 보고 저것도 보아야 하고, 그런가 하면 누가 뭐라고 얘기하는지도 들어야 하고, 또 이것도 만져 보고 싶고 저것도 무엇인지 집어 올려 보고 싶다. 그래서 아이들의 눈 돌아가는 속도는 매우 빠르다. 또 손발 움직임도 빠르다. 그렇기에 어른들이 생각할 때는 아이들이 설마 보았을 리가 없다 하지만, 아이들은 순간 다 보았다. 아이들이 설마 들었겠느냐 싶지만, 아이들은 다 들었다. 이처럼 한창 성장 발육기에 접어든 아이들은 세상에 관심이 많고, 오관을 바쁘게 움직여서 보다 많은 것을 체험하고 싶은 강한 욕구를 지니고 있다. 그러니 한눈파는 것이 지극히 정상이다.

아이들은 학교와 학원에서 공부가 끝나면, 결코 곧장 집으로 오질 않는다. 엄마들은 허구한 날, "너 학교 끝나면 곧장 집으로 와! 쓸데없이 여기저기 기웃거리지 말고! 넌 그 한눈파는 버릇이 없어져야 돼!" 하고 항상 야단하고 주의를 환기시키지만 아이들은 귀담아 듣지 않는다.

곧은 길도 결코 그냥 곧게 따라 걷지 않는 것이 아이들이다. 이쪽저쪽 길가로 잠시 벗어났다 돌아오기도 하고, 뛰다가 걷다가, 땅에 놓여 있는 작은 돌멩이 같은 것을 발로 차면서 앞으로 보내며 걷기도 하다가…… 길가 작은 나무에 앉은 잠자리라도 한 마리 보이면 신기해서 그것을 잡으려고 쫓아가거나…… 그렇게 산만한 행동을 하는 것이 정상적인 아이들의 모습이다. 그런 아이들에게 "한눈팔지 마!" "앞만 보고 곧장 걸어와!" 하고 소리치는 것은 아이들에게 엄청난 구속이고 스트레스다.

그러고 보면, 어떤 때는 애완견만큼의 자유도 우리 아이들에게는 없는 듯싶다. 애완견을 끌고 산책 나온 사람들을 보면, 그 애완견이 킁킁 대면서 나무 밑, 풀섶 등으로 왔다갔다 하면 주인이 인내하면서 기다려 주질 않던가! 그런데 왜 부모들은 아이들에게 그만큼의 인내심도 발휘하지 못하는가.

우리는 아이들의 창의력을 어떻게 하면 잘 키울 수 있을까 여러 가지 방법으로 고민을 한다. 사실 창의력이란 것이 하루아침에 생겨나는 것은 결코 아니다. 또 책 몇 권을 읽어서 갖출 수 있게 되는 것이 결코 아니다. 몇 번 연습했다고 해서 형성되는 것도 아니다. 그것은 일상생활 속에서 자기도 알게 모르게 조금씩 성장한다. 그런 성장의 밑바탕을 이루는 것이 세상 속에서의 경험이다. 그러니까 사람은 태어나서 세상과 이런저런 접촉을 하면서 창의력을 조금씩 키워 나가게 되는 것이다.

이때 중요한 것은 결국 어떤 체험을 하느냐 하는 것이다. 체험의 내용, 체험의 시기, 체험의 방법 등이 매우 중요하다. 특히 체험의 종류가 다양해야 한다. 그저 양적으로 많이 체험했다고 해서 되는 것이 아니다. 골고루 다양하게 체험해야 한다. 앞서 나는 어린아이들이 사람들과의 만남과 교류에서 보다 다양한 기회를 갖도록 해야 한다고 말했다. 세상 사물이나 사건, 현상에 대한 체험 역시 다양하게 겪을 수 있도록 해 주어야 한다. 아이들은 그런 다양한 체험을 스스로 본능적으로 갖고 싶어 한다. 그리고 그것이 지극히 정상적인 발달의 과정이다. 그런데 그것을 억제한다면, 정상적인 발달과정의 아이를 비정상적인 과정으로 궤도 이탈을 시키는 것과 마찬가지다.

우린 어떤 아이를 보면서 이런 얘기를 할 때가 있다. "저 아이는 제법 철이 들었어!" "아이가 제 또래에 비하여 아주 철이 났어!" 또 어른을 보면서 반대로 이런 얘기를 한다. "저 친구는 언제나 철이 들지. 참, 한심한 친구야!" "야, 너 지금 나이가 몇인데 아직도 철부지 아이같이 그러냐?"

철이 들었다는 얘기는 무슨 뜻인가? 국어사전에서 보면, 철은 사리를 분별할 줄 아는 힘이라고 나와 있다. 사리를 분별한다……. 사리를 분별하려면, 사리에 대한 다양한 이해가 요구된다. 그리고 사리에 대한 다양한 이해를 갖추려면, 여러 가지 사리에 대한 체험이 필요하다. 그것은 곧 어려서부터 여러 가지 사건, 사물, 현상에 대한 오관을 통한 체험을 뜻한다. 어린아이들은 때때로 한눈을 파는 것이 오히려 바람직하다고 생각해야만 하는 이유가 바로 그 때문이다.

어른이 된 다음에, 우리는 흔히 한눈을 팔아서는 안 된다고 한다. 남자든 여자든, 자기 아내와 자기 남편 외의 다른 여자, 다른 남자에게 관심을 두면, 그것을 한눈판다고 한다. 그럴 때마다 나는 지나친 비유일지는 모르지만 이렇게 얘기한다. 어렸을 때 한눈많이 판 아이들은 이다음에 어른이 되어서는 한눈을 팔지 않게 된다고…….

15 쓸데없는 생각 말고 숙제나 해!

> • 넌 바로 그게 문제야! 그 쓸데없는 생각하는 거 말이야!
> • 네 머리통 속에 한번 들어가 봤으면 좋겠다. 도대체 너는 무슨 생각을 하고 사는 거냐!
> • 야! 시키는 것이나 제대로 해. 쓸데없는 생각 말고.
> • 대가리 속엔 똥만 들어가지고! 그런 쓸데없는 생각만 하니깐 성적이 맨날 그 모양이지!
> • 넌 이다음에 큰일 할 사람이야. 그런 것쯤은 못해도 상관없으니 들어가 공부나 해!

"엄마! 올챙이가 얼마 만에 개구리가 돼?"

거실에서 혼자 놀고 있던 초등학교 2학년에 다니는 아들이 텔레비전을 보고 있는 엄마에게 느닷없이 질문을 했다. 물론 아이는 인터넷에서 검색해 볼까도 생각했지만, 그냥 별 생각 없이 엄마에게 물어봤다. 그러자 엄마는 매우 신경질적인 목소리로 아이에게 응수한다.

"야! 그게 숙제냐?"

"아니……."

"근데 그게 별안간 왜 궁금했는데…….'

"아니야, 그냥 생각나서 물어봤어!"

"넌 말이야! 바로 그게 문제야! 바로 그런 쓸데없는 생각이나 하고 앉아 있고! 야! 올챙이가 밥 먹여 주냐! 올챙이가 얼마 만에 개구리가 되든 니가 무슨 상관이야! 그까짓 올챙이가 네게 무슨 상관이 있냐고?"

"……."

아이는 묵묵부답이다. 그냥 얼굴이 빨개져서는 후회하고 있다. 괜스레 물어봤다고. 그냥 혼자서 슬그머니 들어가서 컴퓨터 켜고 검색해 볼 걸……. 하긴 또 슬그머니 아빠 방에 가서 컴퓨터 켜고 앉아 있으면, 엄마는 내가 게임하는 줄 알고 불호령하실 텐데……. 아이는 정말로 이런 상황에 어쩔 줄을 몰라 했다.

"야! 시끄러. 너 올챙이고 뭐고 들어가서 숙제나 해! 너 영어 숙제 다 못했잖아! 들어가! 꼴 보기 싫어! 하여간, 너나 네 아빠나 맨날 그런 쓸데없는 생각만 하는 게 문제야! 누가 지 애비 아들 아니랄까 봐…….'

엄마는 텔레비전 볼륨을 조금 더 올리고선 아이에게 더 이상 아무런 눈길도 주지 않았다. 그러면 아이는 방에 들어가서 영어 숙제를 하고 있는 걸까? 아이는 영어 공부가 잘될까? 기분이 엄청 나빠졌을 아이는 책상에 그냥 멍하니 앉아 있다.

이렇듯 엄마들은, 가끔은 아빠들도 마찬가지로 아이들이 세상에 관심을 갖는 것을 단절시키고 억제한다. 사실 아이들은 어른들

168

이 생각하는 것보다 훨씬 더 많이 세상에 대해서 관심이 많다. 의문이 많고 호기심도 많다. 텔레비전 뉴스 따위를 보면서도 궁금한 게 많다. 왜 저럴까? 예산안은 뭔데, 왜 국회의원들은 저렇게 싸울까? 북한 사람들은 왜 우리나라에다 대고 포를 쏘았을까? 포에 사람이 두 명씩이나 죽었다고 하는데, 사람이 죽으면 어떻게 되는 걸까? 아이들이 이런 큰일에만 관심이 있는 것은 아니다. 일상의 작은 일에도 어른들이 생각하지 못할 정도로 관심이 많다.

이를테면, 왜 자꾸만 오른손으로 밥 먹으라고 할까? 나는 왼손이 더 편한데…… 손은 모두 똑같은 것 아닌가? 왜 여자는 머리를 어깨 너머로 길게 길러도 되고, 남자인 나는 안 될까? 왜 우리 유치원의 서정이는 앉아서 오줌을 눌까? 왜 엄마는 아빠에게 혼났을까? 근데 이번엔 왜 아빠가 엄마에게 야단맞을까? 피는 못 속인다는데…… 우리 엄마는 늘 못 속인다고 하는데…… 피는 나쁜 것인가, 좋은 것인가? 속이면 나쁜 것인데…….

그럴 때마다 아이들은 어른들을 향하여 질문을 던진다. 그러나 어른들은 귀찮아하면서 오히려 아이들을 야단친다.

"넌 무슨 질문이 그렇게도 많냐!"

"이다음에 크면 다 알게 돼!"

"지금은 너와 아무런 상관이 없으니, 잔소리 말고 하라는 공부나 해……."

"조그만 자식이 별걸 다 궁금히 여기네."

"시끄러! 그딴 것은 몰라도 돼……."

세상에 대한 관심, 호기심, 궁금증을 모두 단칼에 잘라 버린다. 아예 차단을 시킬 요량이다.

엄마가 김장을 하고 계셨다. 아이들이란 엄마가 무엇인가 큰 잔치를 벌이는 줄 알고 신이 났다. 엄마가 큰 그릇을 여기저기 벌려 놓고, 배추를 씻어 포개 올려 놓고, 무채를 썰고, 마늘을 까고, 파를 썰고⋯⋯ 아이들도 덩달아 괜스레 부산을 떤다. 초등학교와 유치원에 다니는 아이들도 김장이 무엇인지는 대충 안다. 오늘은 먼 곳에 사는 이모들까지 왔다. 아이들은 이렇듯 집 안이 북적거리면 신이 나는 모양이다. 제 각기 유치원과 학교를 갔다 온 두 아들 녀석은 방에 들어가서 저희들끼리 노는 듯싶더니, 이내 부엌으로 나왔다. 그러곤 두리번거리다가 큰 이모가 마늘을 바구니에 한가득 담아서 식탁에 앉아 까고 있는 것을 보았다. 이모는 마늘을 좀 쉽게 까려고 한 움큼씩 전자레인지에 잠깐씩 돌린 다음 꺼내서 껍질을 까고 있었다. 껍질을 벗겨 내면, 그 안에서 조그만 마늘이 한 쪽씩 삐져 나오는 것이 재미있어 보이기도 했고, 또 신기하기도 했다. 그런 것을 바라본 큰 녀석이 이모에게 다가간다. 물론 작은아들 녀석도 형을 따라 식탁 옆에서 눈을 동그랗게 뜨고서는 붙어 섰다. 형이 먼저 말을 꺼낸다.

"이모! 나도 깐다!"

"네가 깐다고, 네가 마늘을 깐다고?"

"응! 나도 깔 수 있어!"

그러자 저편 부엌 뒤 베란다에서 갓을 다듬어 씻고 있던 아이 엄마가 큰 이모에게 묻는다.

"언니, 애들이 뭘 깐대요?"

"글쎄 민형이가, 지가 마늘을 깐대!"

"마늘을 깐다고?"

그러자 옆에 물끄러미 서있던 동생 준형이도 나선다.

"엄마! 나도 깔 거야!"

그러자 이내 엄마가 고무장갑을 벗으면서 부엌으로 들어온다. 그러곤 조금은 높아진 톤으로 말한다.

"너희들이 마늘을 깐다고? ……나중엔 참, 별걸 다 깐다고 덤비네……. 엄마가 뭐랬어! 거치적거리지 말고 너희들 방에 들어가 숙제하고 놀랬지! 왜 나와서 참견이야! 너희는 저리 비켜! 너희는 안 도와주는 것이 도와주는 거야! 이것아! 마늘은 아무나 까는 줄 알아! 너희들 저 마늘이 얼마나 매운지 알아?"

아이들은 괜스레 나섰다가 엄마에게 야단맞나 싶어 무안해하고 있다. 방으로 얼른 가지도 못하고 어정쩡 식탁 옆에 두 녀석이 서 있다. 엄마는 계속해서 아이들에게 퍼붓는다.

"마늘 같은 소리 그만하고 들어가! 들어가라고…… 들어가 있다가 이따가 엄마가 부르면 나와. 이따 맛있는 국 끓여 밥 먹자. 엄마가 너희들 맛있는 국 끓여 주려고 지금 배추 씻어 놓았어! 들어가라니까! 뭘 그렇게 보고 서 있어……."

결국 두 아이들은 방으로 쫓겨났다. 그러나 엄마의 사설은 계속되었다.

"너희들 그딴 거 깔 줄 몰라도 돼! 공부 잘해서 돈만 잘 벌어 봐라. 이까짓 마늘이 문제냐! 깐마늘 사다 먹으면 되지. 뭐 미쳤다고 이렇게 마늘을 까고 앉았냐!"

"근데 요새 깐마늘은 거의 중국산이라잖아! 문제는 우리가 중국산인 줄 잘 알기가 어려워서 그렇지! 깐마늘 사다 먹으면 좋지. 더욱이 이렇게 한 번에 많은 마늘을 까야 할 때는 더욱 그렇지!"

"요즈음 뭐, 중국산 아닌 게 어디 있어? 아~ 김치도 중국산이라잖아. 그러니깐 중국에서 김치도 담가서 한국으로 수출하는 모양이야."

"그래! 음식점 김치는 거의 다 중국산이래. 근데 중국산이 문제가 아니라 그게 바다 건너오는 데 아마 문제가 있는 모양이야. 그냥 방부제를 삽으로 퍼붓는다는가 봐!"

자매간의 이야기는 엉뚱하게 나아가고 있다. 중국산에 대한 성토로 이어져 나갔다. 저편에서 듣고 있던 막내 여동생이 두 언니들의 말에 동참했다.

"언니! 요즈음은 배추도 절임배추를 모두 사다가 김장 담그는데……. 언니네처럼 이렇게 배추를 사다가 직접 절여서 김장하는 집 없어! 절임배추가 비싸지도 않대. 우리 아파트에 왜 박사장네라고 있지! 그 집은 해마다 전라도 해남인가 어디에선가 절임배추 사다가 김장한대. 그런데 배추가 아주 좋고 또 값도 싸대. 언니, 우리도 내년부터는 우리 세 집에서 모두 절임배추 사다가 김장해서 먹자."

이때쯤, 큰아들 녀석이 물을 먹겠다고 방에서 나왔다.

"엄마, 나 물~."

"니가 컵 갖고 따라 마셔! 니 눈엔 지금 엄마가 뭐 하는지 안보여! 어째 물까지 못 따라 먹고는, 엄마한테 물~ 하는 거니!"

아이는 사실 목이 말라서 물 마시러 나왔던 것은 아니다. 그냥 부엌 쪽이 궁금해서 나와 본 것이다. 무슨 이야기들을 하는지도 궁금했고, 아까 그 많던 마늘을 큰 이모가 다 깠는지도 궁금했고…… 그냥 이렇게 저렇게 궁금해서 물 마시겠다는 핑계로 나온 것이다. 그러나 엄마는 다시금 아이를 몰아세운다.

"너! 물 다 마셨으면 들어가. 뭘 그렇게 쳐다보고 섰어! 엄마가 그랬지? 공부만 잘해 보라고. 그러면 이런 힘든 일 안 해도 된다고. 엄마는 뭐 깐마늘 사다 먹을 줄 몰라서 이러고 있는 줄 아냐? 누군 뭐 절임배추가 있는 줄 몰라 이렇게 배추 사다가 이 고생하고 있는 줄 아냐! 다 네 아버지 잘못 만나 이 고생 하는 거야……."

난데없이 엄마는 아빠를 욕하기 시작한 것이다……. 글쎄, 정말 공부만 잘하면 되는 것인가? 그까짓 마늘 좀 깔 줄 모른다고 해서 문제될 것이 있겠는가. 깐마늘 사다 먹으면 되는 것인데……. 정말 그런가? 서울 시내 여고생을 대상으로 한 어떤 조사에서 보면, 30%에 이르는 학생들이 사과 껍질을 벗길 줄 모른다고 한다. 그러면 그렇게 이야기할 것인가? 그까짓 사과쯤 까먹을 줄 모른다고 해서 문제가 되나, 그저 공부만 잘해서 돈 많이 벌면 깐 사과 사다 먹으면 되는 것 아니겠는가? 정말 우리는 그렇게 살아가는 것이 현명한 것인가?

　마늘을 까고, 사과 껍질을 벗기고, 뭐 그런 시시껄렁한 일(?)들은 모두 쓸데없는 일인가? 아이들에게 그런 것을 익히고 경험시키는 것은 정말로 모두 쓸데없는 것인가? 그런 일에 아이들이 시간을 보내면 시간 낭비인가? 올챙이가 얼마 만에 개구리가 되는지, 마늘을 전자레인지에 잠깐 쏘이면 왜 쉽게 까지는지…… 그런 것들은 모두 쓸데없는 잡념인가? 혹시나 그런 것은 모두 잡념이고 쓸데없는 짓이라 생각해서 아이들을 그런 것으로부터 떼어 놓으려 한다면, 그것은 곧 아이를 세상과 단절시키고 격리시키는 결과를 초래하는 것은 아닐까? 아이들은 그런 시시콜콜한 세상일에서 정말 아무런 것도 배울 수 없는 것일까?

자녀가 사람과 세상일에 많은 경험을 겪게 해 주라

냉장고에 식자재가 있다. 살림이 넉넉지 못해 비록 풍족하지는 않지만, 그래도 이것저것 골고루 들어 있다. 두부도 한 모 있고, 콩나물도 한 줌 있다. 냉동 칸에는 꽁꽁 얼기는 했지만 저번에 먹다 남은 돼지고기 목살이 한 덩어리 있다. 양파도 두어 개 있고…… 이런 경우 느닷없이 친정아버지가 오셨다고 해도, 그리고 마트에 다녀올 시간이 없다 해도, 그냥 돼지고기 썰어 넣고 매콤한 찌개를 끓여 드릴 수 있다.

그러나 어떤 집의 경우, 냉장고에는 그저 물병 하나 덩그러니 들어 있고, 식자재라고는 오래전에 사다 놓고 잊어버렸던 시들해진 시금치 한 단이 바닥에 놓여 있다면, 갑자기 찾아오신 친정아버지를 위해 무슨 반찬을 만들어 저녁을 대접해 드릴 수 있겠는가?

또는 그런 집이 있겠느냐만, 가정해서 어떤 집 냉장고에는 무엇인가 가득 차 있지만 찬찬히 들여다보니 온통 파뿐이다. 대파, 양파, 쪽파, 실파…… 냉장고 안에는 온통 파 천지다. 가득하긴 해도 그저 파뿐이거늘 이것으로 무슨 저녁식사를 준비할 수 있겠는가!

하긴, 요즈음 세상에 시골서 친정아버지가 연락도 없이 그냥 갑자기 찾아오셨다면, 누가 집에서 따뜻한 저녁식사를 손수 만들어 드리겠는가! 그냥 형편 따라 동네 모시고 나가서 저녁식사 사 드리면 되지, 뭐 집에서 힘들게 저녁식사를 대접하겠는가.

그러나 지금 여기서 이야기하고자 하는 것은 저녁식사를 집에서 대접해 드리느냐, 밖에 모시고 나가서 사 드리느냐의 문제를 논의하고자 하는 것은 아니다. 냉장고 안에 식자재가 골고루 이것저것 있어야만 그때그때 상황에 따라 음식을 잘 만들어 낼 수 있음을 이야기하고자 하는 것이다. 꼭 비싼 식자재만 있어야 하는 것도 아니고, 고기든 채소든, 크든 작든, 비싸든 싸든, 많든 적든 하여간 이것저것 다양한 종류로 있어야 함을 이야기하고 싶은 것이다.

사람의 머리는 바로 그런 냉장고와 같다. 사람은 태어나서부터 온갖 경험을 통해 많은 정보를 머릿속에 받아 저장해 둔다. 이때 정보는 오관을 통해 얻어 들인다. 귀로 들어서 얻고, 눈으로 보아서 얻고, 손으로 만져서 얻고, 말을 하면서 입으로 얻어 들이고, 또 코로 냄새와 향기를 맡아서 얻어 들인다. 그래서 어린 시절 감각기관의 적절한 발달은 매우 중요하다. 그리고 아이들이 그러한 감각기관을 통해 정보를 얻어 들일 수 있는 다양한 기회를 만들어 주는 것이 우리 어른들의 책임이다.

그렇기에 나는 부모들에게 아이들이 어렸을 때 함께 여행을 많이 하라고 권유한다. 가능한 한 어렸을 때 많은 것을 보여 주고 많은 것을 들려주어야 한다. 어른들이 어떤 것을 보았을 때, 그것은 이미 머릿속에 복잡하게 형성되어 있는 정보의 그물망 속에 휩싸여 들어가서 때로는 흔적도 없이 뒤엉켜 버리곤 만다. 마치 구정물에 잉크 한 방울을 떨어트리면 그것이 어떻게 번져 나갔는지 흔적을 찾기 어려운 것처럼 말이다. 그러나 어린아이들의 머릿속은 매우 맑고 깨끗하다. 그렇기에 아이들이 어떤 것을 보면, 그것은 그대로 머릿속에 단단하게 각인되어 자리 잡는다. 맑은 물에 잉크 한 방울을 떨어트리면 그것이 좍 번져 나가는 것을 볼 수 있듯이, 어린아이들이 어떤 것을 보거나 듣거나 만져 보면, 그것은 아이들 머릿속에 쭉 번져 나가 스며들고 각인되는 것이다.

아이들이 이렇게 세상 속의 많은 것을 보고, 듣고, 만지고, 느끼고 하면서 체험하게 되면, 그것들은 아이들의 머릿속에 매우 단단한 정보 기반을 형성하게 된다. 그리고 그 정보 기반들은 아이들 머릿속의 인지구조를 갖추게 하고, 그것이 훗날 또 다른 많은 정보를 수용하고, 저장하고, 재생산하고, 결합시키고, 분리하고, 새로운 것을 그 나름대로 생성시키는 좋은 기반이 되는 것이다.

어릴 적 시골에서의 경험이다. 가을날 밤새 바람이 세차게 불었다. 이른 새벽 뒷산에 오른다. 밤새 세찬 바람에 떨어진 밤 아람을 주우러 나간다. 밤은 곳곳에 엄청 떨어져 있다. 그러나 그것을 주워 모은들 어디다 담아 갖고 올 것인가! 맨손으로 나가면 결국 손바닥에 몇 알밖에 못 주워 오지 않던가! 큰 자루나 보자기를 들고 나가면 많은 양을 주워 올 수 있지 않던가! 머릿속에 다양한 정보 기반을 많이 갖고 있으면, 훗날 성장하고 발달하면서 그만큼 많은 다양한 정보를 끌어들이고 받아들이고 만들어 낼 수 있는 것이다.

그러나 이때 중요한 것은 머릿속의 그러한 정보 기반이 그저 양적으로 많은 것은 의미가 없다. 다양해야만 한다. 다양한 정보 기반이 갖추어져 있어야 한다. 그래야만 훗날 이 세상의 다양한 정보를 머릿속으로 끌어들일 수 있는 것이다. 그렇기에 나는 냉장고 비유에서도 말했듯이, 냉장고에 한 가지 종류의 식자재만을 잔뜩 넣어 두면, 결국 음식을 만드는 데 크게 제한받을 수밖에 없음을 말한 것이다. 비록 양은 적더라도 그 종류가 다양한 것이 좋은 것이다.

그런데 이때의 정보는 곧 어린아이들이 이 세상에서 겪기 시작하는 경험을 의미한다. 그리고 그 경험은 비단 사물에 대한 경험만을 의미하는 것은 아니다. 사람들에 대한 경험도 중요하다. 아이는 세상에 태어나서 어머니와 접촉하게 되고, 그다음에 아버지와 형제들과 접촉한다. 그러곤 친척들과, 성장해 가면서는 친구들, 또래들, 선후배들과, 또 낯선 사람들과 접촉하면서 사람에 대한 경험을 쌓기 시작한다. 그런데 우리 모두 잘 알듯이 사람들의 종류는 매우 다양하다. 얼굴 생김새가 다르고, 키가 다르고, 몸집이 다르다. 아이들은 가까이 지내는 집안 식구들과 외양이 전혀 다른 사람을 처음 만나면 울음을 터뜨리고 무서워한다. 그것은 그만큼 다양한 사람을 못 만났기 때문에 자기 머릿속에 각인되어 있는 일정한 형태와 다른 사람을 보면 낯설어하고 공포심을 느끼기 때문이다. 따라서 아이들은 커 가면서 여러 유형의 사람들이 있음을 경험하고, 그래서 익숙해지면 그다음엔 전혀 다른 유형의 사람을 만나도 힘들지 않게 그를 받아들이는 용기와 여유를 갖게 되는 것이다.

사람들은 신체적 생김새만 다른 것이 아니다. 성격도 다르고, 식습관도 다르고, 마음씨도 다르다. 또한 취미도 다르고, 생각하는 바도 다르다. 참으로 저마다 오묘하게 만들어진 것이 인간 아니던가! 아이들이 어려서부터 그런 다양한 사람들과의 접촉을 갖도록 도와주어야 하는 것이다. 그것은 어린 시절 다양한 또래들과의 만남을 통해서 시작된다. 그런데 그 만남을 부모가 제한한다면 어떻게 될 것인가?

"너는 그런 아이들과는 달라!" "너는 결코 그런 아이들과 섞여서는 안 돼!" "네가 걔와 똑같니! 그 아이는 상대할 애가 못 돼!" 등등의 다양한 표현을 통해 아이들을 어린 시절부터 사람들과 격리시키는 부모가 있다. 왕자병, 공주병이라고 하지만, 사실 그런 왕자, 공주는 아이들이 스스로 원해서 그렇게 되는 법은 없다. 어른들이 아이를 그렇게 만들어 가는 것이다.

왕따도 그렇다. 우리는 여러 아이들이 한 아이를 왕따시키는 경우를 자주 이야기하면서 문제시한다. 그러나 여기서 한 번쯤 부모는 왜 우리 아이가 왕따를 당하는 것인지 생각해 보아야 한다. 혹 부모가 자기 아이를 먼저 다른 아이들로부터 격리시켜 왕따가 되도록 한 것은 아닌지를 생각해 보아야 한다.

세상으로부터의 단절, 격리, 소외, 고립만이 무서운 것이 아니다. 세상 사람들로부터의 단절, 격리, 소외, 고립도 무서운 것이다. 그리고 훗날 아이들이 자신이 그렇게 키워졌다는 것을 알게 되면, 부모를 향해서 얼마나 큰 분노를 느끼겠는가! 아이들은 자기 스스로는 아무리 똑똑하고 잘났어도, 결국 다른 사람을 이해하지 못하고 다른 사람들과 더불어 어울리면서 살아가지 못함을 스스로 깨닫게 될 때 엄청난 좌절과 패배를 느끼게 될 것이다. 그리고 그것을 스스로 확인한 때는 이미 복구가 매우 어렵고 늦었다는 것을 함께 느끼게 될 것이다. 그렇기에 부모들은 아이들이 어른들처럼 너무 선을 그어 사람을 구별해서 사귀도록 하지 않았으면 좋겠다. 공부를 잘 못하는 아이들과도 함께 놀아야 한다. 조금 살기 어려운 집 아이들하고도 함께 놀아야 한다. 신체적으로 장애가 있는 아이들과도 함께 놀아야 한다. 다양한 모습의 사람들로 커가게 될 다양한 아이들을 어려서부터 만날 수 있도록 아이의 접촉을 제한해서는 안 된다. 혹여나 나쁜 아이들과 휩쓸려 우리 아이도 나쁜 길로 빠지지 않을까 염려하는 것은 당연하다. 물론 그것을 항상 염두에 두어야 한다. 그러나 그것을 막기 위해 처음부터 아예 자기 수준(?)의 아이들이 아니면 못 만나게 하는 것은 지극히 잘못된 것이다. 그것은 마치 교통사고가 날까 봐 아예 처음부터 차를 몰지 못하게 하는 것과 같은 이야기다. 그리고 한 가지 첨언할 것은, 아이들이란 못하게 하면 할수록 그만큼 더 큰 호기심을 축적시키고, 반발하고픈 저항 심리 속에 더 큰 외도를 하게 된다는 것이다.

거듭 하는 이야기지만, 그러한 다양한 만남과 접촉, 교류와 체험은 세상일에 대해서도 마찬가지다. 시시껄렁하고 자질구레한, 그야말로 일 같지 않은 일상의 일도 아이들이 체험하도록 해야 한다. 자기 침대를 정리하고, 자기 방을 청소하고, 목욕을 했으면 하고 난 자리를 깨끗이 치우고 나오고, 마늘을 까고, 온 식구가 함께 저녁을 먹을 때 수저를 상 위에 갖다 놓고, 잔에 물을 따르고, 밥 먹은 다음엔 식탁을 정리하고, 엄마의 설거지를 돕고…… 그야말로 일상의 자질구레한 모든 일을 아이가 가정에서 체험하도록 해야 한다. 가정의 일상생활에서 아이들은 참으로 많은 것을 체험할 수 있고, 그러한 체험은 아이들 머릿속에 차곡차곡 쌓여 좋은 정보 기반을 형성하게 되는 것이다. 그런 기회를 부모가 결코 억제하거나 빼앗아서는 안 된다. 그런 기회를 가능한 한 많이 만들어 주어야 한다. 그래서 나는 이렇게까지 말한다. 마늘 한 통 까 보는 일이 영어 단어 한 개 외우는 것 이상으로 중요한 일이라고! 이제 자녀들에게 다음과 같이 말해 보면 어떨까?

 "그래, 그런 일도 좀 해 봐야 돼. 공부만이 전부가 아니잖니?"

- "공부도 때가 있는 법이지만, 그런 일도 다 때가 있는 법이야. 지금 안 해 보면 언제 하겠어."
- "이 세상엔 도적질 빼고는 쓸모없는 일은 없어."
- "큰일 할 사람은 작은 일도 할 줄 알아야 돼. 작은 일에 성실한 사람이 큰일도 성실히 하는 법이야."
- "그 아이들도 괜찮은 친구지. 잘 어울려 봐, 그 아이들한 테도 느끼고 배우는 게 있을 거야."
- "집안이 어렵다고 해서 그 아이들이 어려운 것은 아냐. 더욱이 부자가 아니라고 해서 마음까지 가난한 것은 아냐!"
- "사람, 너 모른다. 그 아이들이 지금은 그래도 훗날 다 훌륭한 사람이 될 수 있어."
- "그래, 한눈을 팔아도 다 의미 있는 일에 한눈팔면 돼!"

자녀에게 과정을
무시하고 결과만
따지지 말라

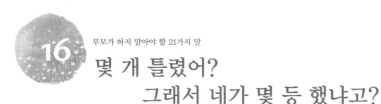

부모가 하지 말아야 할 21가지 말

16 몇 개 틀렸어?
그래서 네가 몇 등 했냐고?

> • 너, 이번에 다섯 개 이상 틀리면, 한 개 더 틀릴 때마다 한 대 씩 맞아야 돼!
> • 너희 반에 너보다 더 잘한 아이가 몇 명이야?
> • 어째, 너는 맞은 것보다 틀린 것이 더 많냐?
> • 다 때려 쳐라! 그 따위로 하려면 학교고 학원이고 다 때려 쳐!
> • 학원은 백날 다니면 뭐하나? 시험 보면 조금이라도 나아지는 게 있어야지.

　우리나라 사람들은 대체로 과정보다는 결과를 따져 묻는 습성이 강한 듯싶다. 모든 일에서 항상 경쟁을 하다 보면, 그저 무슨 수를 써서든 남을 이겨야 한다는 강박관념에 사로잡혀 있는 듯싶다. 그래서 어른이고 아이고 간에 모두 무슨 일에서든 결과만 따져 묻지 과정에는 별 관심이 없는 듯싶다.

　새벽 일찍 낚시를 떠났던 남편이 해가 지고 어둑어둑해져서야 집에 돌아왔다. 주말마다 비가 오나 눈이 오나 낚시를 다니는 남편이 못마땅한 것은 어느 아내든 마찬가지일 것이다. 그렇기에 아

187

내는 저녁 늦게 돌아온 남편을 따뜻하게 맞이할 리 없다. 남편도 그런 환대 같은 것은 기대하지 않았을 것이다. 그저 야단이나 덜 맞았으면 하면서 죄지은 마음으로 들어왔을 것이다. 아니나 다를까, 낚시도구를 현관에 놓고 들어오는 남편에게 아내는 소리를 지른다.

"그래, 꼭두새벽부터 나가서 도대체 몇 마리나 잡았수?"

"뭐 잡기는…… 잔챙이 몇 마리 잡았다가 다 놓아줘 버렸고, 큰 놈 두세 마리는 거기서 매운탕 끓여들 먹었어……."

그러자 아내는 아무 대꾸도 없이 그냥 부엌으로 가서는 혼자 계속 떠든다.

"고기도 못 잡는 주제에 허구한 날 낚시는! 젠장, 뭐 조상 중에 고기 못 잡아 돌아간 양반이 있었나……. 어쩜 그렇게도 한 번도 거르지 않고 주말마다 낚시를 갈 수 있을까!"

사실 이런 경우는 꼭 고기를 못 잡아 와서라기보다는 주말마다 빠짐없이 간다는 사실에 아내는 더 화가 났을지도 모른다. 그렇다 해도 꼭 몇 마리 잡았느냐를 갖고 따져 물어서야 되겠는가! 남편이 어부가 아닌 이상, 꼭 고기를 잡으러 낚시를 다니는 것은 아닐 것이다. 그저 취미로, 낚시를 핑계 삼아 자연을 만나고, 그래서 낚시를 다녀오는 그 과정이 더 재미있고 의미 있어 다니는 것일 것이다. 그렇다면 고기는 몇 마리나 잡았느냐고 따져 묻기 보다는, "그래요! 낚시 다녀오니 재미있으셨수?" 했더라면 남편의 행동이나 반응은 사뭇 달라질 수도 있지 않을까?

부모가 하지 말아야 할 21가지 말

　우리 어른들의 이런 식의 결과지향적인 사고방식의 생활은 주변에서도 여러 가지 현상을 통하여 쉽게 찾아볼 수 있다. 이를테면, 골프를 치고 와서도 그렇다. "몇 개나 쳤냐?" 하는 것이 첫 번째 관심이다. 누구와 함께 골프를 쳤으며 그들과 어떻게 재미있는 시간을 보냈느냐에는 별로들 관심이 없다. 잘 쳤냐 못 쳤냐, 그래서 얼마쯤 돈을 땄느냐 하는 결과만 따져 묻는 것이다.

　아이들의 교육에 있어서도 부모들의 관심은 언제나 결과지향적이다. 초등학생 아이가 학교에서 가을소풍 현장학습을 다녀왔다. 소풍이라고 해 봤자 학교에서 서너 시간 거리의 고적지를 찾아가 대충 구경하고 도시락을 먹은 후, 학급대항 장기자랑을 하고 돌아온 것이다. 집에 돌아온 아이에게 엄마는 묻는다.

"야! 그래, 소풍 잘 다녀 왔어?"

"응."

"너 선생님 갖다 드리라는 도시락 갖다 드렸어?"

"응."

"얘! 가자마자, 도착해서 말야, 선생님 갖다 드렸니? 아니면 나중에 한참 있다가 점심 먹을 때 갖다 드렸니?"

"가자마자 갖다 드렸어!"

"선생님이 네가 가져온 줄 알아? 너, 혹시 그냥 선생님 앞에다 불쑥 놓고 온 거 아냐? 딴 애들도 막 가져오고 할 때 말야!"

"아냐!"

"선생님이 네가 갖다 드린 것 드시든? 아니면 딴 아이가 가져온 것 드시든?"

"몰라!"

엄마는 이내 마음이 찜찜하다. 선생님께 고마움도 표하고 싶고, 또 잘 부탁도 드릴 겸 정성을 다해 맛있게 준비한 도시락인데, 아이가 그것을 잘 전달해 드리지 못한 것만 같아서다.

그러니까 엄마는 아이가 소풍을 가서 무엇을 보고 어떻게 놀다 왔는지, 또 버스는 어떻게들 타고 갔는지, 오고 가는 과정이나 고적지에 가서 몇 시간 동안 어떻게 지내다 왔는지는 별로 관심이 없는 듯싶다. 묻지도 않고 들으려고도 하지 않았다.

"야! 이제 가서 씻고 좀 쉬었다가 학원에 가야지! 오늘 너 학원

가서 졸면 안 돼!"

"엄마! 나 오늘 하루 쉬면 안 될까? 너무 피곤한데……."

"야! 그까짓 것 산에 조금 갔다 왔다고 젊은 애가 피곤하다고 그러면 어떻게 하니! 잔소리 말고 어서 들어가 씻기나 해! 아니, 아예 샤워를 해! 샤워하고 나면 몸이 훨씬 가벼워질 거야! 엄마가 학원까지 차로 태워다 줄게. 어서 샤워하고 나와……. 피곤하다 빠지고, 힘들다 빠지고, 아프다 빠지고, 그럼 언제 학원에 가냐!"

엄마는 아이의 삶의 과정엔 눈꼽만큼도 관심이 없는 듯 보인다. 그저 결과만 놓고 따지는 듯 보인다. 그것은 아이가 시험을 보고 왔을 때 절정에 이른다. 중학교 2학년에 다니는 아이가 중간시험을 보고 집에 일찍 돌아왔다. 아이가 현관에 들어서자마자 가방을 받아 든 엄마는 아이가 미처 신발을 벗기도 전에 질문을 하기 시작한다.

"그래, 오늘 세 과목 본다고 했지! 뭐뭐 세 과목 본다고 했지?"

"국어하고 과학, 그리고 수학 세 과목이야."

"오늘 중요한 과목 다 봤네. 그래, 잘 봤니? 몇 개나 틀렸어?"

"그냥 그렇게 봤어!"

"그냥 그렇게가 뭐야! 도대체 어떻게 봤길래 그냥 그렇게 봤다는 거야!"

"……."

"국어는 어땠어? 어려웠어? 몇 개나 틀렸어?"

"다섯 개 정도 틀린 것 같아!"

"뭐라고? 다섯 개씩이나 틀렸다고?"

"그럼 과학은?"

엄마는 한 과목 한 과목씩 따져 묻는다. 아이는 대답하기 싫지만, 엄마의 종주먹에 힘없이 말문을 연다.

"과학은 망쳤어! 한 열 개쯤 틀린 것 같아!"

"뭐라구! 너 지금 그걸 말이라고 하냐! 열 개쯤이라니, 도대체 몇 문제였는데 열 개씩이나 틀렸니! 몇 문제야 모두!"

"서른 문제."

"그러면 삼분의 일이나 틀렸단 말이야!"

"아냐! 어쩌면 한 일곱 개 정도 틀렸을 거야!"

"일곱 개든 열 개든 그게 그거지 뭐······. 나 원, 참······. 그럼 수학은?"

"엄마! 난 과학, 수학이 정말 어려워! 난 아무래도 문과 적성인가 봐!"

"아니 근데 적성이고 뭐고, 그건 나중 고등학교에 가서 할 얘기고······. 수학은 그러면 더 많이 틀렸단 얘기냐!"

"······."

"왜 말이 없어! 수학은 몇 개 틀렸냔 말이야!"

"······."

아이는 끝내 대답을 안 한다.

"아이구, 내가 너 때문에 미쳐! 내가 제명에 못 죽지! 어째 그러냐! 너 학원에서 중간시험 앞두고 지난 주말에도 특별과외 받았잖아! 그게 아무 소용이 없었든? 그때 너하고 같이 과외 받은 민석이라고 했지, 601동 산다는 아이 말야! 그 아이는 어떻게 봤다든?"

"잘 몰라!"

"모르긴 뭘 몰라! 그래 넌 딴 아이들이 몇 개나 틀렸는지 관심도 없냐! 걔하고 답안도 안 맞춰 봤어!"

"시험 끝나고 그냥 왔어!"

"하여간 못 말려! 넌 어째 애가 그러냐! 학원은 백날 다녀 뭐하냐! 뭐 학원 다닙네 하면서 돈을 처들여 대지만, 뭐 성적이 눈꼽만큼이나 오르길 하냐! 하여간, 내일 또 시험 있지? 내일은 무슨 과목 시험이야? 영어는 언제 봐?"

"내일 영어 시험 있어!"

"너, 정말 내일 영어도 그렇게 많이 틀려 갖고 올 거면, 아예 집에 들어올 생각도 말아! 너 아빠가 아서 봐라, 넌 아주 뼈도 못 추릴 거다……. 그리고 섰지 말고 들어가! 꼴도 보기 싫으니까!"

"……."

"아, 뭐하고 있어! 들어가! 들어가라고……."

아이는 힘없이 자기 공부방으로 들어가 버렸다. 그러고는 책상을 물끄러미 바라보면서 침대에 걸터앉아 있다. 그러면서 생각한다. '시험이 뭘까? 왜 나는 이렇게 많이 틀릴까? 도대체 나는 무엇인가…….' 아이는 정신이 나가 있다. 물론 오늘 처음 겪은 일은 아니지만, 시험 때만 되면 두려운 게 집에 돌아 왔을 때 몇 개 틀렸느냐고 묻는 엄마의 다그침에 항상 죄인처럼 대답해야만 하는 신세가 스스로 못 견디게 힘든 것이다. 창밖을 내다본다. 14층에서 내려다보이는 저 아래 주차장엔 차들이 벌써 가득 차 있다. 순간 그런 생각까지 해 본다. 여기서 뛰어내리면 저 차 지붕 위에 떨어지게 될까?……그때 엄마가 부르는 소리가 났다.

"야! 이리 나와 봐! 이것 먹고 학원가야 하잖아! 빨리 나와!"

아이는 순간 엄마가 나를 죽였다가 다시금 살렸다고 생각했다. 이리 나오라고 소리치시는 엄마의 말은 그래도 나를 사랑하는 마음이 서려 있는 듯 느껴졌다. 그러나 맨날 몇 개 틀렸냐고 따지는 엄마는 싫다. '시험이 어려웠냐 쉬웠냐, 공부한 것이 많이 나왔니, 그래 어떤 문제들이 네게는 어려웠니, 수학 과학이 재미없니, 왜 재미가 없니…… 뭐 그런 질문이라도 엄마가 좀 해 주면 안 될까? 무조건 몇 개 틀렸냐고만 묻지 말고…….' 아이가 간식을 먹으면서 속으로 혼자 중얼거린 생각들이었다.

17 부모가 하지 말아야 할 21가지 말

김연아 봐라! 그저 뭐든지
한 가지만 잘하면 돼!

> • 박지성 봐라! 그저 축구 하나 잘하니까 돈도 억수로 벌고. 넌 도대체 잘하는 게 뭐냐!
> • 야! 공부고 뭐고 다 때려 치고, 너도 그저 뭐든지 한 가지 잘할 궁리를 해 봐!
> • 학교는 다녀서 뭐하나! 어떤 사람은 야, 중학교밖에 안 나왔는데도 벤처 회사 사장 되었다더라!
> • 넌 이 자식아! 그래 어쩌자고 한 가지도 잘하는 게 없냐! 아주 싹수가 노래! 하다 못해 노래라도 잘하든지 아니면 춤이라도 잘 추든지.
> • 넌 도대체 뭐하는 놈이냐! 허구한 날 그러고 돌아다니기나 하지! 못된 놈들하고 돌아다니는 거 하나는 잘해요!
> • 미친놈 같으니라고! 네가 잘하는 거는 가로퀘지는 것 한 가지뿐이야!

　　한때, 우리나라의 교육정책으로 내걸었던 구호 중에 이런 것이 있었다. "그저 한 가지만 잘하면 대학 간다." 이 책이 그러한 교육정책을 놓고 논의하는 데 목적이 있는 것은 아니다. 그럼에도 이 구호는 이 책에서 이야기하는 '자녀들에게 해서는 안 될 말'에 깊이 관련되기 때문에 이 구호의 두 가지 문제를 먼저 짚어 둔다.

　　우선, 이 구호는 교육의 궁극적인 목표를 대학 가는 데 두었다는 데서 문제가 심각했다. 그것은 곧 오늘날 한국 교육이 지닌 최대의 고질적 문제를 더욱 심화시켰다. 어린아이가 태어나서 유치원을 다니고 초중등학교를 다니면, 그저 너 나 할 것 없이 누구나 모두 대학에 가야만 되는 것처럼 교육을 호도하고 국민을 몰아세웠다는 데서 문제의 심각성을 가중시킨 것이다. 즉, 유치원이나 초중등교육의 목표를 오로지 대학 진학에만 두도록 만든 것이다. 중학교를 졸업하고 실업계 고등학교를 가는 것은 대학 진학에 실패한 사람들이 선택하는 차선의 길로 전락시킨 것이다.

1960~1970년대만 하더라도 한국 교육은 그렇지 않았다. 당대의 실업계 고등학교에는 정말 우수한 학생들이 많았다. 우수한 중학교 졸업생들이 일찍이 실업계 고등학교 진학을 목표 삼았다. 대학에 가느니 일찍이 사회에 진출하겠다는 일념으로 실업계 고등학교를 선택한 것이다. 그래서 당대에는 명문 실업계 고등학교가 많았다. 얼핏 기억하기에, 서울에는 덕수상고, 선린상고, 서울공고, 서울여자상고, 경기공고 등 우수한 명문 실업계 고등학교가 꽤나 많았다. 그리고 그런 명문 실업계 고등학교를 나온 사람들이 나중에 큰 기업이나 금융기관에서 높은 지위에 오르고, 국가 발전을 위해 크게 기여한 사람들이 많았다. 그러나 지금은 어떤가? 물론 지금도 극히 소수의 몇몇 실업계 고등학교는 우수한 중학생들의 졸업 후 일차 선택의 대상이 되고 있기는 하지만, 대부분의 경우는 결국 대학에 가지 못하는 경우의 차선책으로 전락하고 말지 않았는가! 오늘날 한국 교육의 많은 문제는 그저 너 나 할

196

것 없이 모든 청소년을 대학으로 가도록 몰아세우는 데서 싹튼 것이라 생각한다. 그리고 이러한 인식을 고착시키는 데 작용한 잘못된 정책의 하나가 곧 그저 한 가지만 잘하면 대학에 간다라는 것이었다. 하기야 그런 정책을 처음에 내세웠을 때는 물론 모든 학생을 대학으로 몰아세우려 한 것은 아니었을 것이다. 대학 입학에서 국어, 영어, 수학 등 소수 몇몇 주요 교과목만을 잘하는 학생들에게만 입학 기회를 줄 것이 아니라, 다른 잠재적 능력을 갖춘 학생들에게도 기회를 주어야 한다는 취지로 시작하였을지도 모른다. 그래서 사교육에 대한 열풍도 좀 줄이고 지식 위주의 교과교육보다 인간교육을 보다 더 충실히 할 수 있도록 하는 데 도움을 주기 위해 그랬을지도 모른다. 그러나 결과적으로는 그런 효과를 거두기보다는 그저 모두가 대학을 외치며 대학으로 가야 하는 열의(?)만 강화시킨 꼴이 된 것이다.

다음으로, "한 가지만 잘하면 대학 간다."라는 구호가 갖고 있었던 정말 심각한 문제는 초중등교육의 본래의 목적과 목표를 왜곡시켰다는 것이다. 초중등교육은 국민보통교육이다. 국민보통교육이란 한 국민으로서 한 시민으로서의 삶을 우리 모두가 더불어 함께 살아가려면, 너 나 할 것 없이 우리 모두 함께 반드시 가르치고 배워야 하는 보편적 교육을 의미하는 것이다. 그렇기에 국가에서는 이를 의무화시키기도 한다. 나라별로 사정이 다르지만, 대부분의 나라에서는 초중등교육 기간 전체를 의무교육으로 규정하고 있다. 우리나라에서도 중학교까지의 국민보통교육을 의

무교육으로 규정하고 있다.

　이러한 국민보통의무교육에서 한 가지 중요한 것은 모든 교과목 교육이나 비교과 활동을 전부 제대로 잘 가르치고 배우도록 해야 한다는 것이다. 즉, 특정한 교과목을, 예컨대 우리가 맨날 앵무새처럼 열거하는 국·영·수만을 잘해서는 안 되고, 그 외 모든 다른 교과목들도 골고루 잘 가르치고 잘 배우도록 해야 한다는 것이다. 또한 교과목 수업이 아니더라도 학교에서는 다양한 비교과 활동 프로그램을 학생들에게 제공하여, 훗날 세상 밖에서 삶을 살아가는 데 필요한 많은 보편적 지식, 기술, 태도 등을 기르도록 한다는 데 중요한 뜻이 서려 있는 것이다. 한마디로, 훗날 효율적인 한 시민, 진정한 인간이 되기 위해서는 어린 시절 여러 가지 내용과 활동을 골고루 가르치고 배우도록 한다는 데 의미가 있는 것이다. 이는 곧 아이의 온전한 신체 성장 및 발육을 돕기 위해서 우리 어른들이 그들의 편식을 걱정하고 염려하면서 골고루 먹도록 가르치고 배우도록 하는 것과 똑같은 이치다. 그런데 '한 가지만 잘하면' 이라는 매우 확고하고 분명한 원칙을 제시하다 보니, 이것이 곧 학부모나 학생들에게 초중등학교에서의 학습의 그릇된 편향을 초래하고 말았다. 모든 교과를 최소한 어느 수준까지는 골고루 학습해야 함에도 불구하고 그것을 일찍이 포기하고는 그저 특정한 교과, 특정한 활동에만 전념하도록 만든 것이다. 이를테면, 너나 할 것 없이 제각기 '특기자' 가 되고자 하는 목표를 세우게 만든 것이다. 그리고 대학에서 그런 특기자를 선발하도록 만든 것이 결과적으로 한국 교육의 문제를 더욱 어렵게 만들어 버렸다. 특기자란 그저 오로지 한 가지만 잘하고 다른 것은 못해도 된다는 것을 의미하는 것이 결코 아니다. 특기자란 다른 모든 것은 최소한 남들이 하는 것처럼 평균적으로 어느 수준 이상 해내면서, 그중 어느 한 가지에서는 남달리 탁월한 경우를 의미하는 것이다. 이를테면, 어느 학생이 영어특기자라고 한다면, 그는 국어, 미술, 사회, 과학, 음악, 체육 등 다른 여러 교과에서도 최소한 평균 수준만큼을 하면서 영어를 남달리 잘해야 영어특기자가 되는 것이다. 어떤 주부가 요리에서 카레라이스를 잘 만드는 특기를 지녔다고 하자. 그것은 곧 다른 요리는 아무것도 할 줄 모르면서 오로지 카레라이스만큼은 세계적으로 인정받는 수준에 이르렀음을 의미하는 것은 아니다. 그런 사람을 키우는 것이 초중등학교 교육의 목표가 될 수는 없을 것이다. 그녀가 카레라이스 요리 특기를 지녔다 함은, 된장찌개도 끓일 줄 알고, 미역국도 끓일 줄 알고, 김치도 담글 줄 알고…… , 즉 남들이 일상 하는 요리도 다 보통 수준으로 해내면서 카레라이스를 특별히 남들보다 잘해야 특기가 되는 것이고, 그런 특기교육이 되어야만 그것이 바람직한 모습의 교육인 것이다.

우리는 자녀들에게 성공한 젊은이들을 모델로 삼아 열심히 노력할 것을 가르치고 일깨우려고 할 때가 많다. 이를테면, 부모들은 자녀들에게 쉽게 이런 말들을 한다.

"야! 박지성 봐라! 축구 하나 잘하니까 돈 억수로 번다. 공부고

뭐고 때려 치고 너도 진작 축구나 할 걸 그랬지!"

"추신수 봐라! 대박 터졌다. 야, 연봉이 몇 천만 불로 뛴다더라. 걔는 이제 군대도 면제받았고, 억수로 돈 벌게 생겼다."

"김연아 선수는 이제 세계적인 명사가 되었구나. 이번엔 또 옷 잘 입는 스포츠 선수로 뽑혔다더라. 정말 김연아는 얼굴도 예쁘고 대단해! 넌 근데 뭐냐! 너도 진작에 저렇게 스케이트 같은 거 하나 열심히 죽어라 하고 타면 됐을 것을…….."

물론 교육적인 의미에서 바라볼 때 그러한 세계적인 인물들을 자녀 성장의 한 가지 모델로 설정해 주는 것은 결코 나쁘지 않다. 반기문 유엔사무총장은 젊은이들에 얼마나 큰 꿈과 희망을 불러 일으켜 주고 있는가! 소녀시대와 같은 아이돌그룹은 또 어떠한가.

이렇듯 청소년들에게 나도 노력하면 할 수 있다는 신념을 불러일으켜 주기에 충분한 세계적인 인물들이 우리 사회에 여럿 있다는 것은 참으로 좋은 일이다. 그럼에도 여기서 꼭 짚고 넘어가야 할 한 가지가 있다. 그러한 성공 모델 설정이 자칫 잘못되어 자식들에게 그저 무조건 "한 가지만 잘하면 된다."라는 그릇된 생각을 키워 주게 되지 않을까 하는 염려다.

반기문 유엔사무총장이 그저 영어 한 가지 잘해서 그렇게 된 것은 결코 아니다. 또한 중고등학교 때 공부 잘해서, 그래서 좋은 대학에 가서, 나중에 외무고시에 합격해서 그렇게 된 것만은 결코 아니다. 마찬가지로 김연아 선수나 박지성 선수가 다른 것은 다 제치고, 그저 스케이트 한 가지만 남달리 잘 타서, 또 축구공 한 가지만 남달리 잘 다루어서 세계적인 선수가 된 것은 결코 아니다. 물론 혹간 어떤 사람은 그야말로 만사 제치고 달랑 그것 하나만 잘해서 세계적 달인이 된 경우가 전혀 없는 것은 아니다. 그러나 그런 세계적인 큰 인물이 된 사람들의 삶을 들여다보면 그들에겐 공통된 몇 가지 특징이 있음을 결코 간과해서는 안 된다.

이를테면, 그들은 어린 시절에 처음부터 그거 한 가지만 달랑 잘했던 것은 결코 아니라는 점이다. 그들은 남들처럼, 또는 남들이 하는 보통 수준 이상으로 다른 일_{공부}에서도 열심히 했다. 그들은 피나는, 눈물 겨운 고통의 과정을 이겨 냈다. 그리고 남달리 뛰어난 머리를 선천적으로 타고났으며, 특히 뛰어난 천부적 재능을 갖고 태어났다. 하나님께서 그들에게 특별한 달란트를 주신 것이다. 물론 모든 보통 아이들에게도 하나님은 예외 없이 그런 달란트를 적어도 한 가지씩은 주셨으리라 믿는다. 그러나 많은 경우에, 우리는 어떤 아이가 어떤 달란트를 가지고 태어났는지 모른다. 아이가 한참 커서 어른이 될 때까지도 우리는 무슨 달란트를 갖고 태어났는지 모르기도 한다. 실은 바로 그것이 한국 교육의 또 다른 문제이기도 하다. 아이들이 유아 시절부터 초중등학교에 이를 때까지 우리 어른들은 그들이 어떤 달란트를 갖고 태어났는지 찾아줄 생각을 하지도 않고, 찾을 줄도 모르며, 또 어렴풋이 찾아도 그것을 어떻게 잘 키워 줄 수 있을지도 모르기 때문에, 그런 달란트를 사장시킬 때가 많다. 그러고는 밀어붙여 전부 대학으로 가도록 몰아세우지 않았는가! 비교적 어린 나이에 세계적으로 성공을 거둔 탁월한 젊은이들을 살펴보면, 결국 그들에겐 매우 어렸을 때부터 그런 탁월한 천부적 달란트를 일찍 발견하는 데 도움을 준 어른들과 부모들이 곁에 있었음을 발견할 수 있다. 그리고 그때부터 어른들은 그런 달란트를 키워 주기 위해 남달리 특별한 피나는 노력을 기울였다는 점이 우리네 보통 사람들의 보통 아이들과는 다른 것이다.

그런데 우리는 지금 큰 업적을 이루어 낸 젊은이들을 우상으로 여기도록 하지만, 그들이 이루어 낸 결과에만 집착할 뿐 그들이 그곳에 이르기까지 어떠한 과정을 거쳐 갔는가에 대해선 비교적 잘 알지도 못하고, 큰 관심을 기울이지도 않는다. 하지만 이 세상의 그 어떤 경우에도 과정을 거치지 않은 결과는 없다. 과정이

부모가 하지 말아야 할 21가지 말

눈물겹게 지독했을 때 눈물이 가득 찬 환희의 결과를 얻게 되지 않았던가. 과정에 최선을 다했을 때 좋은 결과는 당연히 따라오지 않았던가. 그런데 그런 과정을 무시한 채 그저 결과만 보면서, 그리고 그것을 부러워하면서 자녀들에게 누구누구를 보라고 소리치기만 하는 어른들이 되어서는 안 되지 않겠는가! 우리 부모들은 자녀들에게 그렇게 소리치기 전에 자녀가 어떤 달란트를 지니고 태어났는지 찾아보려고 얼마나 노력했는가를 먼저 돌아봐야 할 것이다. 설혹 아이에게 그렇게 눈에 띄는 천부적 달란트가 없었을 경우, 우리는 후천적으로 어떤 재능을 개발해 주기 위해 그에게 어떤 재능이 어울리겠는가 하고 깊이 생각하며 따져 보기는 했는가! 그리고 그런 한 가지 재능을 키우기 위해 우선은 초석이 되고 밑바탕을 이루는 폭넓은 보편적 교육을 시키려고 얼마나 노력했었는가? 성공은 결코 결과가 아니다. 성공은 과정이다. 그렇기에 우리는 그저 자녀들에게 결과만 따져서는 안 된다. 과정에 더 의미를 두고 과정에 관심을 가져 주며, 그러다 보면 더 좋은 결과를 예상치 않게 얻을 수도 있는 것 아니겠는가! 누구를 봐라, 누구누구는 이렇다 하면서 한숨을 쉬어 가며 내 자식을 몰아세운다면, 그런 말을 듣는 아이들의 마음은 계속 타들어 가고 마음속엔 분노와 자아모멸감만 앙금으로 쌓이지 않겠는가!

좀 요령이 있어 봐라,
애가 고지식하기는……

> • 야, 이 멍충아! 넌 어떻게 애가 그렇게 요령이 없냐!
> • 이 바보 같은 녀석아! 예로부터 모로 가도 서울만 가면 된다고
>   하는 말도 몰라! 뭐 미쳤다구 그렇게 고생을 사서 하냐!
> • 병신 육갑을 떨고 있어요. 그게 그렇게 해서 되냐! 고지식하기
>   는……. 누굴 닮아 저럴까?
> • 이렇게든 저렇게든 이놈아, 결과는 매한가지야. 그러면 뭣하려
>   고 그렇게 빙빙 돌아오냐! 과정 좋아하시네. 과정 같은 것 따지
>   지 말고 결과만 좋으면 그만이야!

아주 오래전에 나는 초등학교 저학년 아이들의 숙제활동을 조
사 분석한 적이 있었다. 그때 선생님이 1학년 아이들에게 '어머
니' '아버지'와 같은 국어 단어 15개를 주고, 그것을 네모 칸으로
되어 있는 바둑판 모양의 공책에다 각각 열 번씩 써 오는 _{주말 이틀 동안}
_{에 해내기에는} 매우 힘든(?) 숙제를 내주셨다. 그때 나는 두 아이의 합동
인터뷰가 생각난다. 두 아이의 주장은 이렇다. 숙제는 각 단어를
열 번씩 쓰는 것인데, 한 아이가 그만 잘못해서 어떤 단어는 열두
번도 쓰고, 또 어떤 단어는 아홉 번밖에 안 쓰고 해서 자기는 선생

204

님한테서 '참 잘했어요'라는 스탬프 도장을 못 받았다는 것이다. 그 아이가 그렇게 된 까닭을 살펴보니, 그 아이는 선생님이 내주신 15개 단어를 처음부터 하나씩 차례대로 열 번씩 써 내려가기 시작했던 것이다. 그러니까 어머니, 어머니…… 식으로 열 번을 쓴 다음, 그다음에 아버지, 아버지…… 하고 써 나간 것이다. 그런데 공책에서 우선 어머니를 열 번 아래로 쭉 써 내려가면 줄이 모두 열여섯 줄 공책이라서 여섯 줄이 남는 것이다. 그러면 거기에다 다시 그다음 단어인 아버지를 써 내려가면 열 번을 써야 하니까 네 번은 다시금 오른쪽 위에서부터 써 내려간 것이었다. 그러다가 아이가 헷갈리기 시작했던 것이다. 그러나 아이는 반복적으로 어머니, 어머니…… 하고 열심히 쭉 어휘연습을 한 것이다.

이런 설명을 들은 옆에 앉았던 아이 하나가 자기는 그런 바보짓을 안 했다는 표정으로 내게 아주 당당하게 다음처럼 말하는 것이었다.

"선생님, 저는요! 얘처럼 많이 쓰고 안 그럴려고요. 꼭 열 번만 쓸려고요, 우선 먼저 ㅇ부터 열 개를 이렇게 쭉 먼저 썼어요. 그리고 그다음에 ㅓㅓㅓ 하고 ㅇ 옆에다 쭉 썼어요. 그러면 '어' 자가 되잖아요. 그 다음엔 '머' 쓸 때는 또 ㅁ부터 열 개를 쭉 해 놓고 그다음에 그 옆에다 ㅓㅓㅓ 하고 붙여 나갔어요. 그러니까 저는 꼭 열 번씩만 썼어요. 열한 번 쓰면 바보잖아요(?). 공책도 아까운데, 그리고 힘도 드는데 열 번만 쓰면 되지 왜 바보처럼 열한 번, 열두 번 쓰고 그래요. 선생님, 어떤 애는요, 열세 번이나 썼다가

나중에 세 번을 지우개로 지웠대요……."

그때 나는 아이의 이야기를 들으면서 이런 생각을 했었던 기억이 난다. 도대체 왜 우리는 그런 유형의 숙제를 내주었을까? 아이들에게 왜 열 번씩 쓰게 하는지, 왜 그런 숙제를 내주는지는 설명이 안 되었을까? 아이들은 그렇게 해서 '어머니'라는 단어의 글씨를 바로 쓰고 그 의미를 제대로 이해하게 되었을까? 아니면, 그저 열 번씩, 더도 말고 덜도 말고 딱 열 번씩 잽싸게 빨리빨리 써내는 요령(?)만 터득했을까?

흔히들 교육에 대하여 잘못 생각하는 사람들은 아이들에게 문제를 푸는 요령을 가르치려고 한다. 경우에 따라서는 무슨 특별한 문제해결의 비법이 있는 양, 그리고 그것을 잘 알아서 활용하는 것이 똑똑한 것인 양 잘못 인식시키기도 한다. 하긴 부모들이 자녀교육에 관해서도 그 비스듬한 생각을 하는 듯 느껴질 때가 많아 안타깝다. 자녀교육에, 또 자녀가 공부를 잘하도록 하는 데 무슨 특별한 비법이 있는 양 착각하는 사람들 말이다. 그래서 나는 사실 수년 전에 『자녀교육의 비법은 없다』라는 책을 출판한 적이 있었다. 그러나 그 책이 학부모들에게 기대만큼 그렇게 썩 잘 읽혀지지 않았다. 어떤 학부모가 내게 말하기를, 자신은 그 책을 사 보게 되지 않는다고 했다. 그 이유인즉슨, "자녀교육에 비법이 없다는데 누가 사 보겠어요. 그 책 속에 자녀교육에 대한 비법이 있다면 사 볼 터인데."라는 것이다.

교육에 있어서 정녕 비법은 없다. 원칙과 정도가 있을 뿐이다.

그럼에도 우리는 아이들에게 일상생활 속에서, 공부하는 데 있어서, 또는 시험을 보는 데 있어서 원칙과 정도보다는 우선 요령이나 비법을 많이 가르치고 전수하려고 한다. 그리고 그런 비법이나 요령을 많이 알고 있으면 사뭇 똑똑한 아이로 통한다. 이 바쁜 시대에 '속도'가 항상 성패의 관건이 되는 사회에서 원칙을 따지고 과정을 따지다 보면, 남들에게 뒤질 수밖에 없게 되며 그런 아이는 바보로, 요령부득의, 고집불통의 우둔한 아이로 낙인찍히기 쉽다.

부모들까지도 그런 생각을 바탕에 깔고 자녀들에게 막말을 할 때가 많다. 특히 과정보다는 결과만을 강조하고 따지는 부모들의 경우엔 더욱 그렇다. 물론 어떤 경우에는 그 요령이 사고력에 바탕을 둔 현명한 방법이나 절차일 수가 있다. 그러나 그것은 어디까지나 합리적이고 과학적이며 이성적인 사고에 바탕을 둔 것이지, 그저 단순히 어떤 결과를 성취하기 위한 편법적인 요령은 아닌 것이다.

편법적인 요령들은 대체로 문제를 해결하는 과정에서 그 원리는 잘 몰라도 정답은 맞추는 경우에 많이 사용된다. 그리고 그런 요령을 주어진 상황에만 적용하는 것이 아니라, 그 외의 모든 다른 상황에서도 똑같은 방식의 요령을 그대로 적용하려고 하는 데서 문제는 더욱 심각해진다. 즉, 문제해결을 위한 고통의 과정을 되도록 피하고 그저 답만 얼렁뚱땅 맞추려는, 그것도 남보다 빨리 많이 맞추려는 욕심에서 아이들은 요령을 한 가지 터득해서 모든

208

것에 적용할 때가 많다. 그리고 그런 요령을 모른 채, 그저 원칙에 사로잡혀 처음부터 빠짐없이 차례대로 하다가 결국 시간에 쫓겨 그 문제를 해결하지 못하거나 남들보다 뒤지게 되면, 그것을 지켜보던 부모들은 옆에서 소리를 지른다. 때론 머리에다 군밤 한 대를 먹이면서 소리친다.

"야! 이 바보 같은 녀석아! 뭘 그렇게 꾸물대. 이놈아, 그거 그냥 이렇게 해 버려!"

"아빠, 그러면 안 돼! 이게 망가지잖아!"

"그까짓 것들 망가져도 상관없어. 야, 그것 때문에 그렇게 하나씩 하나씩 하다 보면 어느 세월에 그걸 다 하니? 이런 바보 같은 녀석하고는! 그래서 너는 맨날 남한테 뒤지고 마는 거야! 그까짓 것 그 과정을 누가 들여다보지도 않아, 결과만 따지지……."

그리고 이런 경우, 부모들이 자주 들먹이는 속담이 있다. "야, 옛날부터 그런 말이 있어. 모로 가도 서울만 가면 된다고." 그러니까 과정은 어떻게 되든 상관없고 목표만 성취하면 된다는 것을 강조한다. 그래서 그 과정에 다소 부도덕한 면이 있어도 목표만 성취하면, 그런 부도덕한 것, 정당하지 못한 것, 선하지 못한 것쯤은 그냥 눈감아 주곤 한 것이다. 그러다 보니 그런 아이들은 결과에 이르는 긴 역경의 과정보다는 결과에 이르는 첩경을 찾으려 하고, 결과에 이르는 잔꾀를 발휘하려고 들 것이다. 그리고 그 순간 그런 아이들은 많은 다른 아이들에 비하여 칭찬, 격려, 고무의 말을 듣게 된다.

과정을 무시하고, 그저 결과만 갖고 따지는 사람들이 즐겨 사용하는 또 다른 말은 음식을 놓고서 이런 이야기를 할 때 사용되는 말이다. 즉, 여러 가지 음식이 여러 가지 모양으로 놓여 있다. 이때 그런 종류의 음식, 그런 형태의 상차림에 익숙하지 못한 사람들은 그 음식들을 어느 것부터 어떤 순서로 어떤 방식으로 먹어야 좋은지 몰라서 당황할 수도 있다. 이런 경우, 대체로 그날 초대해 준 사람, 또는 상을 차려준 사람, 아니면 그 음식을 이미 먹어본 사람들의 친절한 설명을 들어 가면서 그가 하는 대로 보고 따라하면, 크게 문제가 될 리 없다. 그러나 그런 사람이 없는 경우 어떻게 하겠는가? 그러면 우리는 자신의 지난날의 갖은 경험을 최대한 동원해 가면서 자기 나름대로 그 음식을 맛보는 과정을 즐길 것이다. 그러려면 아무래도 먹는 데 시간이 좀 걸리고 남 보기에 좀 답답하게 느껴질 수도 있다. 특히 어린아이들의 경우는 더욱 그렇다. 그런데 이때 누군가가 소리친다. "야! 밥 먹는 데 뭐 그렇게 신경을 쓰냐. 밥 먹는 것까지 스트레스 받을 필요 없어! 그냥 아무렇게나 먹어. 야! 그냥 앞에 놓인 것부터 먹어. 뭐, 특별한 순서가 있겠어! 그리고 뭘 어떻게 먹든 배 속에 들어가면 다 마찬가지인데……"

　　정말 배 속에 들어가면, 그 어떤 순서로 음식을 먹었든 마찬가지일까? 채소가 먼저 위 속으로 들어가 서서히 자리를 잡고 좀 시간이 흐른 뒤 곱게 씹어진 고기류가 그 위 속으로 들어가서 먼저 와 있던 채소와 합쳐지는 것이나, 고기고 채소고 뭐고 간에 그냥 뒤죽박죽 위 속으로 들어와 서로 자기가 먼저 소화되겠다고 몸부림치는 것이 결국 마찬가지일까?

라면을 끓여 본 사람들은 알 것이다. 라면 한 개를 끓이더라도, 우선 냄비에 라면 한 개를 끓일 분량의 물을 따라 가스 불에 올려놓고 물이 펄펄 끓을 때까지 옆에서든 저만치에서든 지켜보다가, 물이 잘 끓으면 그때 라면봉지를 뜯고 라면을 꺼내 반 토막쯤으로 뚝 잘라서 그 끓는 물에 먼저 넣는다. 그러곤 긴 젓가락 따위로 라면이 끓는 물속에 잘 잠기도록 꼭꼭 누르고 한두 번 뒤집는다. 그런 다음 냄비뚜껑을 닫고 불을 올렸다 내렸다 조정해 가면서 라면이 끓기를 기다린다. 어느 정도 라면이 숨을 죽이고 물렀을 경우에 대체로 수프를 까서 넣지 않던가. 그리고 그때 썰어 놓은 파나계란도 집어넣지 않던가. 이런 긴 과정을 아무리 배가 고파도 인내심을 갖고 쭉 차근차근 겪어 나가야만 우리는 맛있는 라면을 먹게 되는 것이다. 그런데 이때 이렇게 꾸물대면서(?) 라면을 끓이는 아들 녀석에게 소리칠 것인가?

"야! 라면 하나 끓이는 데 뭘 그렇게 꾸물대냐! 넌 그래, 하다못해 라면 끓이는 데도 그렇게 머리가 안 돌아가냐, 이 바보 같은 녀석아? 뭘 그렇게 지켜보고 섰어? 그냥 냄비에다 라면이고 수프고 계란이고 파고 다 함께 동시에 집어넣고 물 부어서 팔팔 끓이면 쉽게 끓일 터인데……. 바빠 죽겠는데 뭘 거기서 지켜보고 서 있어! 이 멍청한 녀석아! 그렇게 옆에서 지켜보면 라면이 무슨 금라면으로라도 바뀌냐! 이 자슥아, 배 속에 들어가면 다 마찬가지 되는 법이야! 야! 넌 앞으로 무슨 일을 할 때 제발 그 절차, 과정 좀 따지지 말아. 그런 것은 누가 따지지도 묻지도 않아. 그냥 결과만 만들어 내면 돼!" 정말 그런 것인가? 정말 과정은 아무래도 좋은 것인가? 결과만 좋으면 말이다.

결과보다는 과정이 중요함을 깨닫게 해 주라

    1970년대 말쯤의 일이었던 듯싶다. 그때는 대학입학 예비고사도 있었지만, 대학별로 입학시험을 치르던 때였다. 하여간에, 이때 연세대학교에서는 수학시험을 주관식으로 치렀다. 90분 정도 주어진 시간에 여섯 문제 정도를 푸는 시험이었다. 그런데 학교 측에서는 학생들에게 문제의 답만 적어 내도록 하지 않고 문제를 푸는 과정, 즉 어떻게, 어떤 방식, 어떤 절차를 거쳐서 그런 답을 도출해 냈는가 하는 과정을 상세하게 적어서 답안지를 제출하도록 하였었다. 왜 연세대학교에서는 수학시험을 그렇게 치렀을까? 나중에 알게 된 사실이지만, 교수님들은 채점을 할 때 정답이 맞았는가, 틀렸는가만을 따지지 않았다고 한다. 교수님들은 학생이 문제를 어떤 과정을 거쳐 어떻게 풀었는가를 더 비중 있게 따져 보았던 것이다. 비록 도중에 계산이 틀려서 정답을 잘못 도출했어도 그 과정이 그야말로 합리적이고 창의적이고 과학적이었으면 높은 점수를 주었다. 그러나 반대로, 그 과정이 그야말로 불합리하고 엉터리고 어리석기 이를 데가 없는데 어쩌다 답은 용케 맞추어 냈다면 비록 정답은 맞았어도 그 학생에게 결코 높은 점수를 주지 않았다. 나는 그때 그 수학과 교수님의 말씀에 경의를 표한 적이 있었다. 그것이야말로 그때나 지금이나 널리 퍼져 있는 우리나라 교육의 결과만능주의를 이겨 낼 수 있는 교육철학이었기 때문이다. 그 수학과 교수님은 문제를 풀어 나가는 과정에서 결코 어떤 비법이나 편법, 잔꾀, 요령 따위를 인정하지 않았던 것이다. 사물을 제대로 통찰하고 분석하는 과학적 합리성을 강조하셨던 것 같다.

나는 요즈음 모든 한국 대학이 함께 시행하고 있는 교육정책 중에 정말로 못마땅한 것이 한 가지 있다. 바로 연구업적에 대한 평가다. 교수의 능력이 저마다 다르고, 대학의 특성이 저마다 다르며, 또 전공분야의 특성이 저마다 다른데도 불구하고 획일화된 기준으로 모든 교수를 연구업적 중심으로 평가하는 것이 못마땅하고, 또 대학에 따라서는 교육책무가 매우 중요함에도 불구하고 학생을 가르치고 상담하는 교육업적에 대한 평가는 그저 연구업적 평가의 들러리 격으로 이루어지고 있음도 매우 못마땅하다. 더욱이 못마땅한 것은 너 나 할 것 없이 전공분야에 관계없이 그저 과학인용색인Science Citation Index: SCI이 인정하는 저널에 게재되는 논문 위주로 평가가 이루어진다는 점이다. 우리가 언제부터 그렇게 SCI에 흠뻑 빠져들었는지! 그러나 여기서 이 이야기를 꺼낸 것은 다름이 아니라, 그러한 연구업적도 모두 계량적인 논문

편수에 의존하고 있다는 것이다. 제대로 된 한 편의 논문을 쓰기까지는 참으로 많은 각고의 과정이 필요하다. 긴 시간에 걸친 힘든 역경의 연구 과정을 거쳐서 논문이라는 결과물이 나오는 것이다. 그런 결과물은 경우에 따라서는 수년씩 걸려 나오기도 하고, 때로는 평생의 과업으로 이루어지는 때도 있다. 또 그 과정에는 참으로 여러 교수, 여러 학과가 서로 협력하고 힘을 모아야만 제대로 이루어지는 경우도 많다. 그러나 그런 것들이 모두 무시되고, 그저 결과물, SCI에 등재된 저널에 논문이 몇 편인가만을 따져서 교수에 대한 업적평가가 이루어지는 것이 자못 못마땅하다. 어떤 사회과학자의 항변이다. 그는 하나의 독립된 논문으로 써서 저널에 게재했더라면 10편의 논문은 되었을 것을, 그것을 차곡차곡 모아서 수년에 걸쳐 한 권의 두툼한 책으로 출판하였다. 그러나 결국 그의 업적은 그러한 긴 시간에 걸친 노력은 무시된 채 그저 '한 편'으로 계산되어 버렸다는 것이다. 더욱 웃기는 것은, SCI급 유명 저널에 게재된 논문이 아니고 그저 국내 출판사가 발행한 한 권의 책이라는 이유로 오히려 한 편의 논문보다도 더 낮은 점수를 받고 말았다는 것이다. 이처럼 우리나라 대학에 만연한 결과지향적이고 계량적인 업적지상주의가 계속되는 한, 나는 각 대학들이 꿈으로 내걸고 있는 세계 100위권 대학 진입은 한낱 허망한 춘몽으로 끝날 것임을 예언한다. 양보다는 질이 우선되어야 한다. 결과보다는 과정이 중요시되어야 한다. 교육 결과의 탁월성보다는 교육의 과정process에서의 탁월성이 먼저 고려되어야만 하는 것이다.

　요즈음 우리나라 대학의 신입생 선발에서 입학사정관제가 도입되어, 점차 그런 제도를 통해 선발하는 학생들의 비율을 높여가고 있다. 사실 엄격하게 말하면, 그것은 참으로 좋은 제도다. 그것은 지난날 성적지상주의로, 즉 결과지상주의로 학생을 기계적으로 뽑던 관행에서 탈피하여 진정으로 우수한 학생을 선별하여 뽑자는 데 의미가 있는 좋은 제도다. 그렇기에 미국과 같은 선진국에서는 이미 오래전부터 입학사정관제를 통한 신입생 선발을 해 오고 있다. 우리나라 대학 신입생 선발에서도 그런 제도를 적용하려고 이명박 정부에서 시도한 것이다. 고무할 만한 일이다. 그러나 그 제도가 시작된 것이 이제 불과 1~2년이다 보니 시행 과정 상에 문제가 자못 드러나고 있음도 주지의 사실이다. 우선은 정녕 결과보다는 과정을 따져 봐야 하는데, 과정을 제대로 따져 보려면 어떤 자료를 어떤 방식으로 따져 봐야 하는가에 대한 명쾌한 답이 아직도 없다. 하긴 그런 명쾌한 획일적인 기준이 나올 수 없는 것이 그런 방법의 특성이기도 하다. 그럼에도 학생의 성장과정을 제대로 살펴볼 수 있는 신뢰할 수 있는 다양한 자료들을 대학에 공급하지 못하고 있어 대학이 고뇌하고 있는 것이다. 게다가 결국 문제가 되는 것은 입학사정관으로 일하는 사람들의 전문성이 아직도 확보되어 있지 못하다는 것이다. 대학마다 저마다 입학사정관을 채용하고 있지만, 그들의 신분이 정년이 보장되는 전임교수도 아니고, 직원도 아니고, 연구원도 아니고, 그냥 계약제

216

로 어정쩡하다 보니 좋은 인력을 확보하는 데 한계가 있다. 또 그
들 대부분의 경우 대학에서의 교육이나 학생지도 경험이 일천하
고 처음 해 보는 일이라서 누적된 경험이 없다 보니, '과정'을 면
밀히 통찰하고 분석하고 판별하여 결정하는 전문능력에서 취약
할 수밖에 없어 문제가 더욱 심각한 것이다. 하기야 어찌 첫술에
배부르겠느냐 하겠지만, 그리고 시작된 지 1~2년밖에 안 되는 제
도라서 그럴 수밖에 없겠다고 이해는 하지만, 그냥 그렇게 이해하
고 넘기기 어려운 것은 무엇 때문일까? 세상 모든 일에서 다 그렇
겠지만, 특히 사람의 일생의 운명을 결정짓는 일에 대해서만큼은
시행착오가 있어서는 안 된다. 자칫 잘못해서 재수(?)없게 그런 제
도 시행 초기에 대학에 입학지원을 하다 보니 누구는 진정한 의미
에서 참으로 높이 평가받아야 할 과정을 내보였는데도 입학사정
관 초년병에게 걸려서 인정받지 못하고 과소평가받는다고 한다
면, 그 젊은이의 인생을 누가 어떻게 책임지고 어떻게 보상할 것
인가? 입학사정관제는 좀 더 파일럿 스터디를 통해서 조금씩 해
보면서 문제를 보완하고, 입학사정관 인재를 어느 정도 키워 낸
다음, 모든 대학으로 천천히 확산시켜 나갔으면 좋았을 걸 하는
생각을 해 본다. 어찌 보면, 입학사정관제 역시 정부부처의 정책
추진이 과정은 무시한 채 그저 빠른 속도로 업적을 쌓기 위해 졸
속 추진된 결과지향주의의 또 다른 병폐는 아닌가도 생각해 보게
된다.

이야기가 한참 빗나갔지만, 여기서 강조하고 싶은 것은 우리

네 관행에서 너무 계량적인 업적이나 결과지향적인 것을 이제 좀 벗어 던지자는 것이다. 그리고 성공 여부를 단순히 결과 판정만으로 따지려는 관점에서 좀 벗어나라는 것이다. 이런 노력은 사회의 모든 부면에서, 국가적 차원에서, 하나의 단위기관에서, 한 가정에서 모두 동시에 이루어져 나가야만 성공을 거둘 것이라고 생각한다. 이에 부모들이 가정에서 자녀들에게 평소의 습성대로 별 생각 없이 오로지 결과만을 따져 묻는 행위가 불식되어 나가야 한다. 아이가 노력해 온 과정을 높이 인정해 주고 평가해 주며, 특히 그 과정에서 그가 내보인 열정, 창의, 성실 따위를 칭찬해 주는 분위기가 집안에도 학교 교실에도 가득해졌으면 좋겠다. 그러려면, 우선 부모들이 아이들을 향해 소리치는 말부터 다음과 같이 바뀌면 좋겠다.

- ☘ "시험 잘 봤어? 어떤 문제이길래, 네가 그것을 어떻게 풀었기에 틀린 거니? 몇 개 틀린 것이 중요한 것이 아니라 왜 틀렸는지를 아는 것이 중요해!"
- ☘ "우선 처음부터 네가 어떻게 했는지를 차근차근 설명해 봐."
- ☘ "늦게 가도 좋으니 무조건 아무렇게나 어떻게든 빨리만 가려 하지 말고, 가는 방법을 잘 생각해 봐!"
- ☘ "아빠는 네가 비록 결과적으로는 실패했어도 오히려 기분 좋은 것은, 네가 그 과정에서 네가 할 수 있는 한 최선

을 다했다는 거야!"

"네가 최선을 다했으면 그것으로 족해. 땀 흘려 이루어 낸
그 과정에서 너는 그 이상 멋져 보일 수가 없었어!"

자녀에게
지나친 기대와
공치사하지 말라

19

네가 아무렴은 그랬으려고……

> • 넌 틀림없이 1등 할 거야! 네가 누구 아들이냐!
> • 엄마 아빠가 모두 명문대 출신인데…… 뭐 너라고 그리 안 되
>   겠냐. 그 씨가 어디로 가겠니?
> • 엄마는 널 믿어. 넌 항상 그랬었으니까. 이번에도 엄마 실망시
>   키지 않으리라고 믿어.
> • 넌 그 애들과는 달라! 넌 원래 실수를 모르는 아이잖아! 걱정마
>   라, 넌 분명히 해낼 거야!

　사실 우리 어른들이 아이들에게 무심코든, 아니면 의도적으로
든 한마디 던져 버리는 말이 그 아이에겐 평생의 한이 될 수도 있
다. 그렇기에 우리 어른들은 어떠한 경우에도 어린아이들에게 극
도의 부정적인 막말을 해서는 안 된다. 이를테면, "내 눈 앞에서
사라져 버려라." "너 같은 놈은 족보에서 파내 버려야 한다." "천
지가 개벽해도 너는 안 돼!"…… 등등이다. 이런 말들이 아이들에
게 얼마나 상처를 주는가는 이미 앞에서도 이야기했기에 여기서
는 더 이상 언급하지 않겠다.

　그런데 이러한 부정적인 막말 이상으로 아이들이 받아들이기

힘든 엄청난 스트레스가 되는 경우의 말이 또 한 가지 있다. 겉보기엔 꽤나 긍정적이고 신뢰와 용기를 불어넣어 주는 말 같지만, 실상은 그 반대로 작용하는 말이 있다. 즉, 아이에게 부모나 선생님이 극도의 신뢰와 기대를 내보일 때가 바로 그런 경우다. 이를테면 다음과 같은 경우의 말이다.

"야! 시험 잘 봤어? 뭐 보나마나 잘 봤겠지. 네가 누군데. 이번에도 다 맞혔지? 넌 틀림없는 아이니까! 엄마는 널 믿어!"

학교에서 중간시험을 보고 집에 돌아온 중학교 2학년 딸아이에게 엄마가 던진 말이다. 그러나 아이는 시무룩하니 별 대답이 없이 그냥 자기 방으로 들어가 버렸다. 그런 딸아이의 모습에 뭔가 이상하다고 느낀 엄마는 이내 딸의 방으로 쫓아 들어왔다.

"왜! 시험 잘 못 봤어?"

"말 시키지 마!"

아이가 버럭 소리를 질렀다. 그러자 엄마는 놀란 듯이 같이 소리를 친다.

"아니, 얘 좀 봐! 어디서 엄마한테 큰 소리야 큰 소리는. 말 시키지 말라니? 왜! 엄마가 물어본 것이 뭐 큰 잘못이야! 시험 잘 봤냐는데, 그게 뭐 어때서 소리를 지르고 그러냐! 얘가 이제는 아주 버릇이 점점 나빠져!"

가만히 듣고 있던 딸아이가 이내 울먹거리면서 말을 한다.

"시험 망쳤단 말이야!"

"아니, 망치다니, 얼만큼 망쳤길래 그래?"

"나도 몰라. 말도 하기 싫어!"

"글쎄, 얼마나 망쳤길래 그래! 한두 개쯤 틀렸어도 할 수 없지, 뭘 그래. 괜찮아!"

"그게 아니니까 그렇지!"

"그게 아니라면? 그럼 도대체 얼마나 망쳤다는 말이야!"

"국어도 서너 개는 틀린 것 같고, 수학은 아예 아주 망쳤어! 나와서 다시 풀어 보니까 일곱 개는 틀렸는가 봐!"

"딴 애들은 어떻게 했는데……."

"국어는 모르겠는데 수학은 다 맞은 아이도 둘이나 되는가 그래!"

"이런 바보 같은 계집애! 아니, 그래 어떻게 너 같은 아이가 그렇게 많이 틀리니! 넌 수학은 항상 자신 있어 했잖아! 그래, 이 기집애야! 뭐가 어려운데 그렇게 틀렸어!"

"내가 너무 긴장했었던 것 같아!"

"아니 뭐가 긴장이 돼! 시험, 뭐 한두 번 봤냐?"

"아유, 몰라! 모른다고……. 엄마 나가! 엄마 저리 나가라고……."

그러자 엄마는 엄청 실망했다는 듯이 문을 쾅 닫고 나갔다. 딸아이는 책상 위에 두 팔을 올려놓은 다음 그 속에 얼굴을 파묻고는 우는 듯 보였다. 이 아이는 무엇이 그렇게 힘들어 우는 걸까? 평소와는 달리 많이 틀렸다는 것이 분해서 우는 것일까? 잘할 수 있었는데 실수를 너무 많이 해서 안타깝고 분해서 우는 것일까?

그런 자신이 너무도 미워서 우는 것일까?

아니었다. 아이는 사실 요즈음 들어 부쩍 힘들어했다. 그것도 다름 아닌 엄마 아빠의 너무도 지나친 큰 기대 때문이었다. 언제나 1등을 해야 하고, 또 그런 것이 이 아이에게는 너무도 당연한 것처럼 기대하는 부모님, 특히 엄마의 그런 기대에 아이는 항상 가슴속에 큰 응어리가 느껴졌다. 아이는 결코 그런 엄마 아빠를 실망시키는 일이 있어서는 안 된다는 강박관념에 항상 사로잡혀 있었던 것이다.

이 아이는 자신의 부모님도 그저 남들처럼, 다른 아이들의 부모님처럼 웬만큼의 기대만 걸어 주길 바랐다. 부모님의 기대 수준이 지금보다 좀 낮아지면 안 되는가도 생각했다. 그래서 그 기대보다 조금 잘하면 잘한다 칭찬받고 싶었다. 그러나 항상 높게 책정되었던 부모의 기대는 언제나 아이에게는 본전치기의 일이 되고 말았다. 아주 잘해서 1등을 하면 당연한 것이고, 거기에 조금 못 미치면 그것은 엄청난 실망을 부모에게 안겨 주는 불효를 저질렀다고 생각하게 만든 것이다. 특히 엄마는 한국 제일의 명문여자 대학, 그것도 그 대단하다는 영문과 출신으로, 여고시절에는 언제나 전교 수석을 차지한 천재였다. 또 아빠는 한국 최고 명문대 법과를 졸업했고 재학 중에 고시 양과_{사법/행정}에 합격한 수재였다. 남들은 모두 이렇게 생각한다. 천재와 수재가 만나서 낳은 딸이니 얼마나 똑똑하겠느냐고. 그렇기에 아이는 태어나는 순간부터 많은 사람과 많은 친인척으로부터 관심의 대상이 되었다. 돌이 지나

226

면서 두 살, 세 살…… 유치원에 가고 초등학교에 다니면서, 아이의 일거수일투족은 그야말로 천재, 수재의 모습으로 사람들에게 환호를 받았다. 물론 부모 자신들도 그들의 어렸을 적 모습을 다시 보는 양 딸아이의 성장에 대하여 희열을 느꼈다. 그리고 항상 아이에게 잔뜩 기대를 걸었다. 하긴, 아이는 지금까지 성장과정에서 한 번도 부모의 기대에 미치지 못한 적이 없어 보였다.

좀 더 어렸을 때, 아이는 부모가 자신을 믿고 자신에게 거는 기대에 항상 가슴 뿌듯했고 기뻤으며, 으스대면서 뭔가 자기는 다른 아이들과는 다른 세계의 특별한 아이처럼 생각했다. 공주병이란 소리도 많이 들었지만 남달리 수학, 과학 같은 것을 잘하다 보니 미래의 '퀴리부인'이란 소리까지 들으며 성장했다. 하지만 초등학교를 마칠 무렵 아이는 뭔가 좀 '이건 아니잖아' 하는 것

을 느끼기 시작했다. 그것은 다른 것이 아니었다. 부모의 기대가 결국 자신에게 족쇄가 되고 있음을 느끼기 시작한 것이다. 자신을 위해 공부를 열심히 하는 것이 아니라, 결국은 부모의 기대에 맞추기 위해, 부모를 실망시키지 않기 위해, 부모에게 기쁨을 주기 위해 공부하는 것 아니겠느냐 하는 생각을 어렴풋이 하기 시작한 것이다.

아이는 스스로 생각하기에 자기는 정말 기쁘지 않았다. 그러나 엄마 아빠가 기뻐하시는 것을 보니 자기도 기뻤던 것이다. 어떻게 해서든 자기는 그런 부모님께 기쁨을 드리기 위해 최선을 다해 왔다. 그러나 그런 노력이 아이에게 엄청난 심적 부담으로 작용하기 시작한 것이다. 그것은 아이가 알게 모르게 아이의 가슴속에 누적되어 딴딴한 앙금덩어리가 되었다. 이젠 그것을 쉽게 용해시켜 내버릴 수 없을 정도로 굳어져서, 아이를 안으로부터 옥박지르고 소리 지르게 만들고 아프게 만들고 있었다. 그리고 그것은 이따금 아이를 심신 무기력증lethargy에까지 빠지게 만든다. 순간 정신이 나가 멍해질 때가 있다. 시험지를 받아 들면 글자가 뒤엉켜 눈에 잘 들어오지 않거나, 어떤 순간 그냥 하얀 백지만 눈에 들어온다. 무엇인가에 머리를 한 방 맞은 듯 멍해진다. 그러곤 결국에는 시험을 망친다. 아니 그냥 시험이고 뭐고, 세상이 힘들다고 생각한다. 왜 나는 이렇게 무엇인가에 구속받고 쫓기는 신세가 되었을까? 엄마 아빠는 날 그렇게 사랑하시는데, 왜 나는 그들이 점점 무서워질 때가 있는가?

228

나를 믿어 주는 부모, 내게 큰 기대를 걸어 주는 부모, 나는 분명 잘 해냈을 거라고 언제나 격려해 주고 칭찬해 주고 기뻐해 주는 부모…… 그것이 정말 문제인가? 아이는 스스로 곰곰이 생각해 본다. 여기서 이 아이와 부모가 보여 주는 기대와 갈등은 어찌 보면 등산객이 산에서 길을 잃고 원점을 중심으로 빙빙 돌면서 찾아 나가지 못하는 링반데룽Ringwanderung 현상 같기도 하다.

그렇다. 지나친 비난, 극도의 부정적인 예언과 판단, 저주에 가까운 절망과 포기의 말들이 아이들에게 치유하기 어려운 상처가 되고 병이 되지만, 반대로 지나친 기대, 지나친 믿음, 지나친 격려와 사랑도 아이들은 감당하기 어려워하는 것이다. 그 역시 때로는 치유하기 어려운 상처가 되어 응어리져서 아이에게 몸으로 마음으로 열병을 앓게 한다. 특히 아이의 능력을 넘어서는 지나친 기대나 립서비스처럼 들리는 부풀려진 칭찬과 격려는 아이에게 독이 될 수 있는 것이다. 아이들은 누구누구의 아들이고 딸이기 이전에, 자기 자신의 하나의 독립된 개체로 먼저 우뚝 서고 싶어 할 때가 있다. 부모들은 그때를 결코 놓쳐서는 안 된다. 그때에 걸맞은 도움을 줄 수 있어야 한다.

20 엄마가 못 해 준 게 뭔데?

부모가 하지 말아야 할 21가지 말

> • 내가 자식을 위해서라면 정말 안 해 본 일 없이 다하면서 키웠는데…….
> • 내가 못 해 준 게 뭐 있니? 밥을 안 해 주었니? 옷을 안 사 입혔니? 학원엘 안 보내 주었니? 이게 어따 대고 신세타령이야!
> • 너, 남들 얘기 듣지도 못해? 지 새끼 내다버리는 부모도 있어! 너희들 정말 어떻게 키웠는데……. 야! 하늘이 알고 땅이 안다!
> • 너희는 부모 탓할 자격 없어! 엄마 아빠는 너희한테 항상 최고만 사서 입히고 제일 좋은 것만 먹이고 그랬어…….

　　서울 강남의 어느 교회에 부설되어 있는 노인대학에 초청받아 강의를 다녀왔다. 강의가 끝난 후 함께 식사를 하면서 몇몇 노인들과 대화하는 시간을 가졌다. 그때 나는 노인들이 이구동성으로 이야기하는 가장 큰 아픔이 자식들에 대한 실망이라는 것을 느꼈다. 즉, 자식이 잘 살고 못 살고, 부모를 모시고 안 모시고가 문제가 아니었다. 당신들이 지난날 자식들을 어떻게 키웠는지, 부모가 어떤 희생을 어떻게 하면서 자기들을 키웠는지, 자식들이 전혀 알아주지 않는다는 데 실망하고 힘들어하는 것 같아 보였다.

　　"지놈들이 그럴 수는 없지! 지놈들이 어떻게 자랐는데……. 그

230

어려울 때 부모가 지들한테 어떻게 해 주었는데……. 찾아오기는 커녕 전화 한 통도 없는 녀석들……."

실망은 분노로까지 이어진다. 억눌렀던, 내색하지 않으려 했던 감정이 이내 파도가 이어져 나가듯 서로에게 전파되고 확산되어 간다. 노인들이 섭섭해하는 것은 그들이 자식들에게 해 준 것만큼 자기들에게 되돌아오지 않는다는 것이 아니었다. 마음으로라도 그것을 그들이 인정해 주지 않았다는 데 분개하는 것이다.

그런데 노인들이 섭섭함을 더 크게 느끼는 것은 자녀들이 부모에게 '저희들에게 무엇을 해 주셨느냐?'고 따져 물을 때라는 것이다. "무엇을 도대체 얼마나 해 주셨냐고요? 저희 밥 먹이고 옷 사 입혀 주고…… 그거요? 다른 부모들도 그건 다 해 줘요! 그거, 부모가 당연히 해야 되는 것 아니에요? 부모의 책임 아녜요……."라고 하면서 말이다. 때로는 자식들에게 해 준 것을 갖고 무슨 공치사를 그렇게 하느냐는 식으로 부모에게 따지고 들 때, 부모들은 저토록 힘들어하고 섭섭해하고 외로워하고 그러는가 싶게 느껴졌다.

역지사지라고 할까! 아이들 입장에서 부모가 그렇게 따지고 들면, 아이들은 무엇을 느끼게 될까? 고등학교에 다니는 딸아이가 성적이 자꾸 떨어져서 고민하며 힘들어하는데, 부모 역시 점점 걱정하다가 아이와 엄마가 함께 원인을 찾기 위해 조용한 대화의 시간을 가졌다. 엄마가 먼저 말을 꺼냈다.

"너, 요즘 왜 그래? 무슨 문제 있냐? 왜 맨날 시무룩하고 그래.

공부가 안되냐? 너, 성적도 예전만 못하더라. 뭐, 엄마한테 말 못 할 사정이라도 생긴 거야? 한번 속 시원하게 털어놔 봐! 엄마한테 말 못할 게 어디 있어! 말해 봐!"

"……."

"아니, 말해 보라니까? 뭐 엄마가 너한테 잘 못 해 준 거 있어?"

"아니에요, 없어요!"

"그럼 왜 그래? 너 아직도 사춘기냐!"

"아니라니깐요……."

"그럼 도대체 왜 그래……. 왜 인생이 살기 싫어졌냐?"

"저도 몰라요, 왜 그런지!"

"모르는 게 어디 있어! 네가 뭣 때문에 그러는지 니가 모르면 누가 알아! ……나 원 참, 아니 도대체 너 같은 애가 왜 그러는지 엄마는 도대체 이해가 안 된다. 아니, 네가 정말 뭣 땜에 그러는지 엄마는 답답해 죽겠다. 아니, 얘! 엄마가 뭐 네게 부족하게 해 준 게 있냐! 아니면 엄마가 뭐 섭섭하게 해 준 것 있냐?"

"없다니깐요!"

"근데, 이 녀석아 없다고만 하지 말고 말해 봐! 하긴 없겠지, 있 을 수가 있겠니. 내가 너에게 못 해 준 게 뭐가 있겠어? 안 그러냐!"

"……."

엄마는 마치 쭉 적어 놓았다가 읽어 대듯이 자식을 위해서 못 해 준 게 아무것도 없음을 열거한다.

"너, 있는 돈 없는 돈 다 들여서 네가 하겠다는 과외 다 시켜 줬어! 그렇게 과외선생님 찾기 어려운 거, 엄마가 별짓 다해서 지금 그 선생님한테 너 과외 받도록 해 줬어. 허구한 날 데려다 주고 데려오고, 너 밤에 돌아오기 전에 엄마가 언제 한번 다리 쭉 뻗고 편히 잔 적 있는 줄 알아! 너 공부하는 데 방해될까 봐 엄마, 연속 극 하나 제때에 마음 놓고 못 봤어! 너 학교 간 다음에 꼭 하나 TV에서 재방송 찾아봤어!"

엄마는 멈출 줄 모르고 두서없이 자식을 위해서 이것저것 자신이 얼마나 헌신했는가를 얘기한다. 정말이지 네게 못 해 준 게 뭐 있냐고 항변하듯 엄마는 말한다. 물론 아이가 엄마에게 '제게 해 주신 것이 뭐 있느냐'고 따져 물은 것도 아닌데, 엄마는 지레 겁을 먹었는지(?) 계속 이런 것 저런 것 자식에게 해 준 것을 열거한다. 그러자 아이가 정말 못 참겠다는 듯 마음속에도 없는 한마디를 불쑥 내뱉었다.

"그런 거, 딴 엄마도 다 해 주는 거 아냐! 엄마가 되었으면 그런 건 당연히 해 주어야 하는 거 아냐!"

"뭐라구, 너 지금 뭐라구 했어! 엄마가 되었으면 당연히 해 주어야 하는 거라고? 뭐? 딴 엄마도 다 해 주는 것이라고……. 그래, 너 말 한번 잘했다. 그래, 딴 엄마도 다 그렇게 하고, 그리고 마땅히 해야 되는 것이라고 하자! 그럼 도대체 엄마가 뭘 잘못했다는 거냐!"

"누가 엄마가 뭘 잘못했다고 그랬어! 하도 엄마가 못 해 준 게 뭐 있느냐고 다그치니까 그런 거야! 하긴 엄마가 못 해 준 것도 없지만, 그렇다고 엄마가 남달리 뭐 더 해 준 것도 사실 없잖아……."

엄마는 분을 못 이기는 듯 한숨만 쉰다.

"애, 말하는 것 좀 봐! 어이구 참, 내가 자식을 키우느니 호랑이 새끼를 하나 키우는 것이 이보다 낫지! 결국 자식한테 이딴 소리나 들으려고 내가 그 고생이었나, 내가 미쳤지! 내가 미쳤어……. 그래, 지금 니가 공부가 안 되고 성적이 떨어지고 그러는게 모두 다 이 에미가 네게 잘해 준 것이 없어서 그렇다는 얘기냐! 어디 말 좀 해 봐!"

아이는 속으로 결심했다. 이제 더 이상 엄마에게 아무런 말대꾸를 안 하기로. 한편으론 내가 엄마에게 잘못 말했다고 생각도 들었지만, 또 한편으로는 엄마가 자식에게 해 준 것에 생색을 내는 듯싶어 엄마가 얄미웠다. 아이 입장에서는 엄마가 툭 하면 "내가 네게 못 해 준 것이 없다." "내가 너라면 치를 떨었다." "나는 오직 너만을 위해 산다." "너만 잘되길 바란다. 그러면 이 엄마는 아무래도 좋다." 식으로 말하고 행동해 온 것이 싫었다. 싫었다기보다는 부담이 되었다. 왜 엄마는 그토록 자기 인생을 포기하고 내게 목숨을 걸까! 엄마는 엄마의 인생을 살아야 하는 것 아닌가? 이다음에 나도 어른이 되어 시집가서 애를 낳아 키우면 지금 엄마가 내게 기대를 걸고 온통 희생하면서 뒷바라지 했듯이 나도 그렇게 하게 될까? 나는 결코 그렇게 할 생각이 없다. 난 그렇게 살 자신도 없다. "엄마! 그렇게 살지 마! 내게 목숨 걸지 마. 나 엄마의 목숨 아냐!"

너, 요즘 왜 그래? 왜 무슨 문제 있냐? 왜, 맨날 시무룩하고 그래. 공부가 안 되냐? 너, ▨▨▨▨편만 ▨▨ ▨▨ 엄마한테 말 못할 사정이라도 생긴 ▨▨ ▨▨! 엄마한테 말 못할 게 어디 있어! 말해▨▨ ▨▨해보▨ ▨▨ 엄마가 너한테 잘 못해준 거 ▨▨ ▨▨ ▨▨ 인생이 살기 싫어 ▨▨ ▨▨ ▨▨ ▨▨ 다 시켜 줬어! 그렇▨ ▨▨ ▨▨ ▨▨ ▨▨ 너 지금 그 선생님한테 ▨▨ ▨▨ ▨▨ ▨▨ 주고, 데려오고, 너 밤에 돌아▨ ▨▨ ▨▨ ▨▨ ▨고 편히 잔 적 있는 줄 알아? 너 공부하▨ ▨▨ ▨마, 연속극 하나 제때 마음 놓고 못 봤어! 뭐라구? 너 지금 뭐라구 했어!

아이는 참으로 마음이 아프고 슬펐다. 요즈음 들어 부쩍 엄마에 대한 미안함과 섭섭함이 머릿속에서, 가슴속에서 자꾸 뒤엉켜 온 육신을 에인다. 엄마가 그냥 가만히 있어도, 그냥 아무 말 않고 가만히 있어도 우리가 다 아는데, 엄마가 얼마나 우리를 위해 고생하고 희생했는지. 왜 그걸 갖고 자꾸 생색을 내서는 그만 깻박치고 그럴까! 사람이란 그런 것 아닌가. 고맙게 느끼다가도 베풀어 준 사람이 은연중 그것을 내세우면서 고마워하길 요구하면, 하나도 고맙지 않고, 고맙기는커녕 오히려 베풀어 준 사람이 밉기까지 하지 않던가?

아이는 가슴속의 응어리를 풀기 위해 나름대로 갖은 노력을 한다. 시간이 좀 걸려야 될 듯싶다. 한강 고수부지에 나가 앉아 바라보니 강 저편에서 조깅하는 사람들이 "야, 그렇게 앉아 있지 말고 뛰어 봐" 하고 아이에게 소리치는 듯싶었다.

부모가 하지 말아야 할 21가지 말

그게 어디 네 잘못이냐?

> • 다 엄마가, 부모가 잘 못 받쳐 주어서 그렇지! 넌 잘못 없어!
> • 부모를 잘 만났더라면, 네가 지금보다 훨씬 잘 되었을 텐데……. 왜 너는 그리 지지리 부모 복도 못 타고났니!
> • 그때 엄마가 말렸어야 했는데, 엄마 생각이 좀 부족했어! 엄마가 너무 욕심을 부렸던 거야!
> • 네 아버지 때문에 그리된 거야. 그때 네 아버지가 조금만 참았더라면 그렇게 되지는 않았을 텐데……. 하여간 네 아버지 성격이 문제야! 그 불 같은 성격이 문제야! 사실 따지고 보면 너야 무슨 잘못이 있니!

앞에서도 잠깐 언급했지만, 공부를 잘하는 아이들의 공통된 습성 중 한 가지는 어떤 일에서든 그 책임을 자신이 진다는 것이다. 이러한 성향은 일 잘하는 어른들에게서도 대체로 마찬가지로 나타난다. 그러니까 공부든 세상일에서든 잘하는 사람들, 정말 성공하는 사람들은 그 성패의 원인을 자기 자신에게 귀속시킨다는 것이다. 자아 내로 그 원인을 귀인시키는 것이다.

골프를 칠 때 보면, 역시 골프를 잘 치는 사람들은 자신의 공이 위험지역에 떨어졌거나 오비OB가 났거나 했을 때, 그것은 자기가 잘못 쳤기 때문이라고 생각한다. 그러나 골프를 잘 못 치는 사람들은 캐디도우미가 방향을 잘못 짚어 주었다느니, 누가 옆에서 떠들어서 그랬다느니, 바람이 생각 외로 강하게 왼쪽으로 불어서 그랬다느니 하면서 그 핑계를 자기 밖의 다른 곳으로 돌리려 애쓴다.

시험을 보고 집에 돌아온 아이가 시험을 망쳤다. 평소에 정말 공부 잘하는 아이가 그렇게 시험을 망치면, 그 아이는 책임을 자신에게 돌린다. 내가 시험범위를 잘못 알았다든지, 내가 준비를 잘 못했다든지, 내가 몸 관리를 잘 못했다든지 하면서 자기에게 책임을 돌린다. 그런데 공부 못하는 아이들은 책임을, 즉 자기가 시험을 망친 원인을 다른 데로 돌린다. 이를테면 다음과 같이 말이다.

"엄마, 우리 선생님 되게 이상하다. 시험 문제를 배우지 않은 데서도 막 낸다. 되게 웃기지, 엄마! 엄마가 한번 선생님한테 가서 따져! 왜 안 배운 데서 내냐고!"

"엄마 때문에 시험 못 봤어! 내가 그거 안 입고 간다고 했는데 엄마가 추울 거라면서 그 목 긴 스웨터 입고 가라고 했잖아. 모가지가 따가워서 그거 신경 쓰느라 시험 못 봤어!"

"엄마, 하필 내 자리가 뜨거운 바람이 직빵으로 나오는 자리였거든. 어떻게나 훗훗했는지, 그래서 시험 망쳤어!"

"내가 그랬지, 북어국 싫다고. 근데 엄마가 자꾸 추운데 뜨뜻한 것 먹고 가라고 해서 먹었는데 학교 가니까 막 토하려고 했어! 그래서 시험 망쳤단 말이야! 엄마가 책임져!"

우리는 사실 아이들을 너무 지나치게 보호하려고 하는데, 거기에 문제가 많다. 물론 개중에는 아이들에게 너무 무관심하고 소홀해서 문제인 경우도 있지만, 많은 경우에는 그 반대다. 누가 봐도 지나치게 아이들을 감싸고 보호한다. 그러다 보니 아이들이 잘못을 범해도 엄마는 선뜻 그 잘못이 자기 때문인 것처럼 나설 때가 많다.

중학교에 다니는 남자아이가 동네 목욕탕에 갔다. 엄마가 아이를 혼자 보냈다. 목욕탕에 가서 때도 좀 밀고 거기서 아저씨한테 머리도 좀 깎아 달라고 하라고 보낸 것이다. 엄마 생각엔 요즈음 집에 온수 보일러가 말을 잘 안 들어서, 그걸 고치려면 시간이 꽤 걸리겠다 싶어 아이를 동네 목욕탕에 갔다 오라고 보낸 것이다. 그런데 이 아이가 목욕탕에 갔다 오다가 그만 언덕길에서 달려 내려오던 자전거에 부딪혀 좀 다쳤다. 자전거를 타고 내리막길을 내려오던 사람이 잠깐 한눈을 파는 동안에 그만 길을 건너가던 아이를 미처 피하지 못하고 들이받은 것이다. 그래도 다행스러운 것은 어디가 부러지거나 하진 않았다. 찰과상을 입은 정도였다. 아이는 피를 조금 흘린 채 집에 돌아왔다.

"너 왜 그래? 누구와 싸웠니?"

"아냐! 자전거에 부딪혔어! 마트 앞 언덕에서 어떤 아저씨가 자전거 타고 오는데 내가 막 지나가다가 부딪혔어!"

"근데 그 아저씨는 그냥 가 버렸어?"

"아냐! 아저씨가 여기 아파트 앞까지 같이 왔어! 자꾸 나보고 병원 가 보자고 하는데 내가 괜찮다고 했어! 그냥 조금 까졌나 봐."

"아이그…… 내가 잘못했지! 생전 가지 않던 목욕탕엘 갔다 오라고 한 내가 잘못이야! 온수 보일러를 진작에 고쳤으면 되는데……. 엄마가 잘못했다. 엄마 때문에 사고가 난 거야……."

물론 처음에 아이는 그날 그 사고가 엄마 때문에 생겼다고는 생각하지 않았다. 그러나 엄마는 늘상 매사에 그런 식으로 엄마가 잘못이라고 말할 때가 많았다. 그래서 그런지 그날 저녁, 아이는 자기도 모르게 자전거에 받친 것은 따지고 보면 엄마 때문에 일어난 것 같다는 생각이 점점 들었다. 그러니까 목욕탕에만 가지 않았어도 그런 사고를 당하지는 않았을 것이다. 그런데 문제는 목욕탕에 가라고, 하필이면 그날 그 시간에 가라고 한 건 엄마니까, 그러니까 엄마가 잘못한 것 아니겠느냐 하는 생각이 은근히 머릿속에 맴돌기 시작했다. "하긴 엄마 때문에 사고가 난 것이지." 하면서 말이다.

그런데 어려서부터 그런 식으로 키워지다 보니 아이는 모든 일에서, 공부에서든 놀이에서든 무엇인가 잘못되면 모두가 엄마 탓 또는 다른 사람 탓으로 돌리는 버릇이 생기고 말았다. 물론 잘되었을 경우에는 모두 자기가 잘해서 그런 것으로 생각하지, 엄마가 잘해 주어서 잘되었다고는 생각하지 않는다.

어떤 집 아이가 아주 어려서부터 음악에 재능을 나타내 보였다. 사실 대부분의 어린아이들은 생후 5~6년간 다양한 재능을 내보인다. 엄마들 눈에는 정말 이 아이가 이다음에 커서 무엇이 되려고 그러는지 너무도 다양한 가능성을 보인다 할 만큼 다양한 재능을 내보인다. 한때는 지휘를 잘하는가 싶더니, 또 피아노를 잘 치는가 싶고, 그런가 하면 그림을 너무도 잘 그리는 것 같다. 또는 말을 어쩜 그렇게 잘하는지 모르겠다. 유치원에서는 모두들 아이를 한자대왕이라고 부른다고 한다. 정말 한자를 부모보다도 많이 안다. 그런가 하면, 어쩜 셈에도 벌써 그렇게 밝은지, 산수를 가르치지도 않았는데 웬만한 셈은 해내고, 돈에 대한 욕심이 많은가 하면, 또 남에게 베풀기도 잘하는 것 같아 보이고…… 엄마는 그런 아이의 다양한 모습을 보면서 여러 가지 궁리를 한다. 이 아이를 변호사나 판사로 키울까, 정치인으로 키울까, 아니야, 음악을 시키면 어떨까? 돈이 많이 들겠지. 그보다는 교수로 만들어 주면 어떨까…….

아이가 자랐다. 중학교를 졸업하고 고등학교에 진학했다. 그토록 외고나 과학고로 진학시켜 보려 했지만 뜻대로 되질 않았다. 그냥 집에서 걸어 다녀도 될 만한 거리의 평범한 인문계 고등학교로 진학했다. 아이는 그 학교에 가서도 별로 두각을 나타내지 못하고 그럭저럭 공부하고 있다. 특별한 재능이 있어 보이지도 않는다. 저렇게 어영부영 공부하다간, 그야말로 서울에 있는 대학에 진학이나 할 수 있을지 모르겠다. 그리고 보니 부모 마음엔들 어찌 걱정이 되지 않겠는가!

어느 날 저녁 아이는 방문을 닫고 자기 방에서 잘 되지도 않는 공부를 하는 양, 책상에 앉아 허우적거리고 있었다. 그때 부엌 쪽 식탁에서 엄마 아빠가 이야기하는 소리가 간간이 문틈으로 새어

들어왔다.

"하긴 뭐, 우리가 애한테 뭐 특별히 잘 해 준 게 있수? 그냥 밥 먹이고 학교 보내 주고 그런 것뿐이지."

"원, 아니 그만큼 해 주면 되는 거지. 더 이상 얼마나 잘 해 주고…… 뭘, 부모가 못 해 줘서 지가 공부를 못한대?"

아버지는 엄마한테 조금 언짢은 듯 언성을 높이는가 싶었다.

"아니 누가 뭐 우리가 잘 못 해 줘서 그렇다고 그랬어요……. 괜히 소리는 지르고 그래요! 내 말은, 사실 민석이가 그래도 나름대로 열심히는 했잖아요……. 그런데 우리가 조금만 더 도와주었으면 그래도 이보다는 나았을 텐데 하는 얘기지……."

"……."

아버지는 더 이상 아무 말씀이 없으신 듯 엄마의 이야기만 들려온다.

"그때 여보, 왜 쟤 다섯 살땐가. 유치원에서 무슨 축제 했었지요. 그때 쟤가 왜 영어 오페라에서 무슨 주인공 했던 거 기억나요? 그때 정말 노래도 잘하고 춤도 잘 추고 그랬잖아요……. 사람들이 그때 뭐야, 학부모들이 엄청 왔었잖아요. 그때 난리 났었잖아요. 쟤 너무도 잘 한다고요……. 정말 그때 민석이는 끝내줬잖아. 우리가 그 재능을 살려 줬어야 하는 것인데……. 그때 왜 유치원 선생님도 음악 시켜 보면 어떻겠냐고 했었잖아요. 특별히 어떤 음악 학원에라도 보내 보았으면 좋았을 것을……. 다, 우리가 잘 못 해 줘서 그렇지……. 그만큼 받쳐 주질 못해서 그렇지……."

"다 지나간 일이야! 음악은 무슨 음악, 그냥 공부나 열심히 하라고 해! 크게 될 놈이면 다 지가 알아서 하는 거야!"

"그래도 우리가 좀 더 받쳐 주면 더 잘할 수 있는 거 아니겠어요!"

"아, 시끄러, 과일이나 좀 까!"

여기서 두 사람의 대화는 끝난 듯싶었다. 이런 얘기를 방 안에서 들었던 아이는 정말 부모가 조금만 더 자기를 받쳐 주었더라면 자기는 지금 훨씬 달라졌을 것만 같은 생각을 하기 시작했다. 사실 나는 지금도 음악이 좋다. 음악하고 싶다. 어찌 보면, 아이의 그런 생각은 진짜 맞을 수도 있겠다. 아니면, 지금 하기 싫은 공부, 크게 희망이 보이지 않는 이 공부, 하기 싫은 이 지겨운 공부를 그만둘 명분이나 핑계를 찾으려고 그렇게 생각하기 시작했을지도 모른다. 문제는 간단하다. 아이의 생각은 점차 자기의 오늘 이 모습은 부모 탓이라고 생각하기 시작한 것이 바로 문제다.

아이가 어려서부터 들었던 엄마의 탄식 가운데는 그런 귀인歸因을 엄마가 자신에게 스스로 하는 것이 많았다.

"니가 무슨 잘못이니! 그걸 시킨 내가 잘못이지! 아이구……."

"내가 미친년이지! 너 같은 아이에게 기대를 걸었으니. 그게 어디 될 성싶은 얘기겠니……."

"아이구, 내가 미쳐. 내가 바보야! 왜 내가 쟤한테 그렇게 해 보라고 했는지……."

"아냐! 내 잘못이야. 내가 그때 못하게 말렸어야 하는데……."

이 외에도 그런 것은 많았다. 정말 우리 부모들은 그렇게도 잘못이 많은가! 그토록 헌신하고서도 아이 잘못의 모든 책임을 부모가 뒤집어써야 하는가! 왜 우린 아이들에게 그런 인식을 심어 주는 것일까?

자기주도적으로 할 수 있도록 자녀를 신뢰하라

요즈음 자기주도적 학습이란 말이 꽤나 유행하고 있다. 한때 우리나라는 학교에서고 집에서고 열린교육을 부르짖으며 그저 열린교육이 모든 교육문제를 해결해 주는 만병통치약이 되는 것처럼 난리를 편 적이 있었다. 지금 자기주도적 학습이 그런 수준에 이르고 있다. 그저 너 나 할 것 없이 여기저기서 자기주도적 학습을 신비의 교육방법인 양 이야기하고 있다. 그리고 자기주도적 학습에 대한 책들이 봇물처럼 쏟아지고 있다. 그렇다고 해서 그것이 뭐 그리 나쁜 것은 없다. 열린교육의 '열린'이란 말이 풍겼던 향기나 자기주도적 학습에서 '자기주도적'이란 용어가 풍기는 향기가 모두 긍정적인 편이기 때문이다.

그러나 그때 왜 우리는 열린교육에 그토록 열광했다가 지금은 시들시들해졌는지, 그리고 왜 실패했는지 따져 볼 필요가 있는 듯 싶다. 왜냐하면 자기주도적 학습도 이토록 난리 치다가 몇 년 지나면 그냥 한때 우리교육에 지나갔던 구호 선으로 치부되고 말 것 아니겠는가 싶기 때문이다.

사실 열린교육에서 우리가 실패했던 것은 열린교육에서 무엇을 어떻게 열어 주어야 하는가를 제대로 따지지 않았기 때문이다. 열린교육의 핵심은 머리를 열어 주는 것이었다. 그냥 아이들 머릿속에 어떤 한 가지 정답을 어른들이 획일적으로 만들어 강제로 주입시키는 것이 아니라, 아이들 머릿속에 자유로운 발상이 이루어지도록 도와주는 것이다. 아이들이 한 가지 정답만을 찾아 헤매도록 하는 것이 아니라 여러 가지 다양한 대답을 만들어 내도록 하는, 창의적이고 상상적이며 발산적인 사고를 하도록 하는 데 원래 그 참뜻이 있다. 그렇게 아이들의 머리를 열어 주고, 가슴을 열어 주고, 생각을 열어 주려면 교수방법과 학습방법도 열려야 했다. 선생님이 혼자서 말하고 아이들은 그저 입 다물고 받아 적어 외우는 교수학습이 아니다. 선생님의 가르치는 방법이 다양해져야 한다. 그냥 전통적인 기계적인 전달과 수용의 설명적 교수방법에서 벗어나 열려야 한다. 그렇게 하면 아이들의 학습방법도 열린다. 우리 모두 옛날에 그런 경험 있지 않던가. 초등학교에 입학하면 우린 우선 받아쓰기부터 훈련받았다. 그러곤 중학교, 고등학교, 대학교를 졸업할 때까지 계속해서 선생님이 불러 주는 것을 받아 적어 외우지 않았던가! 그러나 그렇게 해서는 열린교육이 될 수가 없다. 열린교육을 제대로 하려면, 학습자가 자기 스스로 학습을 주도해 나가야만 한다. 그것이 요즈음 회자되고 있

246

는 자기주도적 학습의 원류다. 그래야만 진정 아이들은 자신의 머리를 열고 생각을 열고, 그래서 창의적인 사고력을 키워 나갈 수 있게 되는 것이다.

그렇다면 아이들이 자기주도적으로 학습을 하게 하려면 우리 부모들은 무엇을 어떻게 도와주어야만 하겠는가! 이것에 관하여 이미 앞에서 부분적으로 조금씩 이야기했지만, 여기서는 이 책의 결론을 쓴다 싶어 다시금 전체를 정리하여 설명하고자 한다.

자기주도적 학습은 한마디로 자아와의 싸움을 거는 것이다. 학습에서 자기와 경쟁하고 자기와 싸워서 자기를 이겨 내는 것이 자기주도적 학습이다. 어른들이 삶에서 자기주도적 삶을 산다고 하면, 그것은 삶의 과정에서의 자기와의 싸움에 승리하는 것이다.

자기주도적 학습이든, 자기주도적 삶이든, 원리는 마찬가지다. '자기주도' 란 말은 영어로 'self initiation' 'self direction' 이다. 그러니까 공부를 하든, 일을 하든, 삶을 살아가든, 하여간 모든 것에서 자기 스스로 이끌어 가고 자기 스스로 방향 지어 나아간다는 것이 기본 원리다. 이러한 자기주도의 원리를 좀 더 자세히 설명하면 다음의 아홉 가지 원리가 있다.

자기주도는, 첫째 자아내적 동기 유발에서 그 출발점을 찾는다. 공부를 할 때 왜 내가 공부를 해야만 하는가 하는 필요성, 욕구, 동기 같은 것이 자아내적으로 형성되어야 자기주도 학습이 시작될 수 있다. 삶도 그렇지 않은가! 내가 자기주도적 삶을 살려면 삶에 대한 나 자신의 내면적 욕구가 형성되어야만 한다. 태어났으니까 어쩔 수 없이 사는 것 아니겠느냐 해서는 안 된다. 나는 하나님께서 이 땅에 존재가치가 있어 태어나게 하신 것이라는, 내가 보다 가치 있고 의미 있는 삶을 살아야 하지 않겠느냐 하는 내면적 동기가 형성되어야 삶을 자기주도적으로 이끌어 갈 수가 있는 것이다. 내가 왜 공부를 하려 하는가? 나는 공부해서 성공을 거둘 수 있는가? 나도 하면 잘할 수 있겠는가? 그런 자신감 따위는 시작 단계에서 곧 자아내적인 동기 형성을 의미한다. 나도 하면 할 수 있다라는 강한 자신감 형성이 우선 자기주도적 학습의 선결 과제가 된다. 부모는 바로 이러한 점에서 아이들을 도와야 한다. 아이들 스스로 자신감을 형성하고 자기 스스로 이끌어 갈 수 있도록 아이들을 격려하고 믿어 주어야 한다. 남들이 나를 안 믿어 주는데 어떻게 내가 나를 믿을 수 있겠는가 하는 탄식이 아이들 입에서 나오지 않도록 해 주는 것이 부모의 도움이다.

둘째, 자기주도적으로 공부하는 아이들은 자기 스스로 계획을 세운다. 특히 자기주도적 학습을 성공적으로 하는 아이들은 계획을 결코 무리하게 세우지 않는다. 자기 능력에 맞게 적절한 수준의 목표를 세우고, 그에 따른 합리적인 전략을 세운다. 목표에 대한 인식이 분명하고, 목표가 확실하게 눈에 보인다. 점령할 고지가 어디인지를 정확히 알고 있는 것이다. 결코 하루만에 무너지는 계획을 세우지 않는다. 또한 계획을 장기적으로도 세우지만 단기적으로도 쪼개서 세운다.

셋째, 그 계획에 따라 자기 스스로 시작한다. 시동을 자기 스스

248

로 거는 것이다. 결코 누가 하라고 해서 하는 것이 아니다. 우리는 아이들에게 툭 하면 이런 말을 하지 않던가. "야, 누가 공부를 하라고 해서 하나, 지가 알아서 해야지! 엄마도 정말 그놈의 공부하란 소리 하기 지겨워!" 맞는 얘기다. 자기가 알아서 해야 한다. "그만 먹고 들어가 공부해!" 하는 소리를 듣고서야 시작해서는 안 된다. 아이들 스스로 시작해야 한다. 그렇게 도와주는 것이 부모의 역할이다. 그러려면 인내해 주고 좀 기다려 주어야 한다. 그리고 아이를 믿어 주어야 한다. 스스로 알아서 시작할 것이라고.

넷째, 아이들이 자기주도적으로 학습할 때는 모든 것을 자기 스스로 선택하고 결정한다. 마치 자기주도적 삶을 살아가는 어른들이 자기 삶에 있어 많은 것을 자기 스스로 선택하고 결정하듯이 말이다. 아이들도 마찬가지다. 무엇을 공부하고, 어느 것부터 먼저하고, 어디에서 공부하고, 어떤 책을 갖고 어떻게 공부할지…… 때, 장소, 내용, 방법 등 모든 것을 아이 스스로 선택하고 결정하며, 그럴 때 비로소 자기주도적으로 학습이 이루어졌다고 볼 수 있는 것이다.

다섯째, 속도, 즉 페이스다. 긴 거리의 마라톤을 뛰는 선수들은 결코 단거리를 뛰는 선수들과는 전혀 다른 자신만의 페이스를 만들어 뛴다. 공부도 그렇고, 세상의 삶도 그렇다. 결코 무모하게 내달리지 않는다. 자기 계획에 따라 자기 능력에 맞게끔 달린다. 결코 다른 사람과 경쟁하려 들지 않는다. 물론 다른 사람들이 어떻게 내달리는지 힐끔거리기는 해도 속마음으로는 그들과 경쟁

한다고 생각지 않는다. 자기와의 싸움, 자기와의 경쟁을 한다고 생각한다.

여섯째, 자기주도적 학습에서는 학습자가 자기 스스로 자기를 가르치려고 한다는 것이 중요하다. 공부는 항상 가르치는 사람과 배우는 사람 간의 상호작용만이 아니다. 자기 혼자서 스스로 선생님이 되어 자기를 가르치기도 한다. 자기가 자신에게 설명해 주고 이해를 확인하며, 또 잘했으면 자기가 자기를 칭찬해 주고, 잘못했으면 자기가 자기를 야단치기도 한다. 자기 자신을 자기가 격려해 주고 고무해 주며, 또 반대로 자기 스스로 자신을 비난하고 질책하기도 한다. 자기주도적으로 학습을 잘하는 아이들은 자기 스스로 시험문제를 낸다. 자기 스스로 자신에게 문제를 내서 자기 스스로 풀어 본다. 소리 내어 공부를 하고, 이를테면 소리 내어 생각하기think aloud를 할 때 보면, 마치 두 사람이 방 안에서 대화를 주고받는 듯이 들린다. 그런데 실은 혼자서 소리 내어 질문을 하고 혼자서 소리 내어 답하고 그러는 것이다. 흔히들 독백monologue 이라고 하는데, 어린아이들은 이런 것을 할 때가 많다. 이를테면, 곰인형을 놓고 "언니 밥 먹고 올께!" "응, 어서 먹고 와." "그래 언니 올 때까지 울지 말고 있어." "알았어, 빨리 갔다 와!" 어린아이는 자기가 곰이 되었다가 언니가 되었다가 한다. 이런 독백은 사실 어린아이들에게 많은 사고력을 키워 준다. 자기주도적 학습을 하는 아이들은 이렇듯 혼자서 아이디어를 생각해 내고, 그래서 혼자서 가르치고 혼자서 배워 나간다.

250

일곱째, 자기주도의 백미는 자기 스스로 평가하고 책임지는 데서 찾아볼 수 있다. 공부를 잘하는 아이들의 공통된 특성 중 하나는 자기 자신에 대하여 스스로 평가를 정확하게 하고 있다는 것이다. 자기가 무엇을 얼마나 잘했는지 무엇을 잘 못했는지를 정확하게 구별할 줄 안다. 또 무엇을 아는지 무엇을 모르는지를 정확히 판단하고 있다. 그렇기에 자기주도적으로 공부를 잘하는 아이들은 질문이 많다. 무엇을 모르는지 정확히 평가하고 있기 때문이다. 공부 못하는 아이들이 질문이 없는 것은 자기가 무엇을 모르는지 조차도 모르기 때문이다.

특히 자기주도적으로 공부를 잘하는 아이들은 자기 스스로 평가할 때 꽤나 엄격하고 냉정하다는 것이 특징이다. 시험을 보고 나서도 몇 개 틀렸느냐 물어보면, 공부 잘하는 아이들은 맞았는지 틀렸는지 긴가민가하는 경우는 모두 틀린 것으로 간주하여 최악의 경우로 지극히 냉정하게 말한다. 그런데 공부 못하는 아이들일수록 자기에게 유리하고 후하게 평가를 한다. 긴가민가한 것도 모두 맞은 것으로 치부한다. 어른들도 보면, 자기에게는 매우 냉혹하게 굴고 남한테는 후하게 구는 사람이 있다. 대개는 그런 사람들이 크게 성공한다. 그런데 반대로 자기에게는 지극히 관대하고 남에게는 엄격하게 따지고 덤비는 사람들이 있다. 그런 사람들은 대체로 쪼잔하고 큰일을 못 해낸다. 골프를 칠 때 보면 금방 누가 그런 사람인지 드러난다. 그린 위에서 퍼팅할 때 좀 길다 싶어도 다른 사람에겐 흔쾌히 오케이 하면서 들어간 것으로 인정해 주지만, 자기의 것은 상대방 경우보다 홀컵까지 더 가까이 있음에도 오케이 안 받고 끝까지 퍼팅하는 사람이 있다. 이런 사람들은 비교적 괜찮은 사람이다. 그러나 반대로, 상대방의 공은 자기의 것보다 홀컵에 훨씬 가까이 붙었는데도 끝까지 퍼팅할 것을 강요하고, 자기의 것은 오히려 멀리 떨어져 있음에도 "이거 오케이지?" 하고 집어드는 경우, 그런 사람들은 결코 삶에서도 자기주도적인 삶을 살아가기 어려운 사람이라고 나는 느낀다. 너무 과대해석을 했는지 모르지만, 하여간 자기주도적으로 학습하는 아이들은 어떻게든 자기 자신에 대한 평가에서 냉정하다. 그리고 그 평가 결과에 대해서 스스로 자기 자신에게 책임을 돌린다. 결코 다른 사람을 탓하지 않는다. 이미 앞에서도 이야기했지만, 공부 잘하는 아이들은 그 결과가 좋지 않을 때 그 책임을 자기 자신에게 돌린다.

여덟째, 자기주도적으로 학습을 잘하는 아이들은 평가에 대한 보상을 스스로에게 한다. 물론 질책도 자기 자신에게 한다. 목표대로 잘 성취했으면 자기가 자기를 칭찬한다. "그래! 너 참 잘했어! 오늘밤은 하루저녁 좀 푹 쉬고 자렴!" "너, 내일은 영화 구경이라도 한번 다녀 오렴." 하는 식으로 자기를 칭찬해 주고 격려해 준다. 그러나 스스로 자신을 야단칠 때도 많다. "야! 너 그래서야 되겠냐! 너 오늘밤은 잠 못 자! 넌 오늘밤 다른 날에 비해서 배로 해야 돼! 넌 오늘 저녁 먹으면 안 돼! 야, 그래 갖고 너 어떻게 살려고 하냐! 이 인간아!" 자기를 무섭도록 야단치고 벌주기도 한다.

끝으로 아홉째, 자기주도적으로 학습을 잘 이끌어 가는 아이들은 이 모든 과정에서 나타난 결과들을 자기 스스로에게 환류시킨다. 깊은 내적 성찰을 통하여 얻어진 여러 가지 잘잘못을 다시금 환류시켜 계획을 조정하고, 페이스를 조절하며, 평가기준을 다시 세운다. 자기 자신을 곧 반면교사로 삼는다.

이상이 자기주도적으로 공부를 해 나가는 아이들의 공통된 특성이다. 앞에서도 얘기했듯이, 이는 자기주도적으로 삶을 살아가는 성공적인 어른들의 경우에도 마찬가지로 적용된다. 그렇다면, 이런 식으로 우리 아이가 자기의 공부도, 자기의 삶도 이끌어 가도록 하려면 부모는 어떻게 해야만 하겠는가?

자녀를 믿어 주라! 자녀를 신뢰해 주라! 결코 자녀에게 지나친 기대로 자녀를 옥죄지도 말라. 그렇다고 자녀에게 아무런 기대도 걸지 않고 포기하지도 말라. 자녀에게 미안해하지도 말라. 자녀에게 부모가 못났다고 자책하지도 말라. 또 거꾸로 자녀에게 공치사하지도 말라. 못 해 준 게 뭐 있냐고, 우리는 다 해 주었는데 결국 네가 잘못해서 그렇다고 책임전가도 하지 말라. 앞에서 쭉 이야기해 왔지만, 자녀에게 강한 믿음을 가지라. 그리고 기다려 주라. 이따금씩 대화를 통해서 그가 어디쯤 달려가고 있는지 아이의 이야기를 들어주면서 다음과 같이 격려해 주라.

🌱 "그래, 그렇게 해 봐! 너무 서두르지 말고 네 계획대로 꾸준히 해 봐. 노력한 만큼 꼭 보상받게 될 테니까."

🌱 "너라고 못 할 것도 없잖아. 사람은 누구나 처음부터 그

렇게 타고나는 건 아냐. 다 훗날 노력해서 이루어 내는 것이지."

🌱 "난 널 보고 있으면 언제나 기분이 흐뭇해. 네 스스로 그만큼 잘하고 있는 것을 바라보면, 엄청 기분이 좋아진다."

🌱 "부모야 어디까지나 네가 잘할 수 있도록 옆에서 지켜보는 것이 부모 아니겠냐! 네가 이루는 것은 모두 네가 열심히 잘했기 때문이지!"

🌱 "지금 무엇인가 확실한 것이 손에 잡히지 않고 눈에 보이지 않는다 해도 결코 실망하지 마! 우린 널 믿으니까. 그리고 너는 너 자신을 믿어! 성경에도 그렇게 쓰여 있지 않더냐. 네 믿음대로 이루어지리라. 네 믿음이 너를 구했다고, 네가 네 자신을 믿어!"

에필로그

"온순한 혀는 곧 생명 나무이지만 패역한 혀는 마음을 상하게 하느니라." (잠언 15:4)

"사람은 차가운 차와 차가운 밥을 참을 수 있지만, 차가운 말과 차가운 이야기는 견디지 못한다." (중국 속담)

"아비들아 너희 자녀를 노엽게 하지 말고 오직 주의 교양과 훈계로 양육하라." (에베소서 6:4)

위에 적은 글들은 평소에 내가 즐겨 외우고 있는 말들 가운데 하나다. 우리 어른들은 아이들에게, 우리 부모들은 자녀들에게, 우리 선생님들은 학생들에게, 조금 더 따뜻한 말을 건넸으면 좋겠다. 그래서 그들의 마음도, 생각도, 행동도 따뜻해졌으면 좋겠다. 초등학교와 중학교 학생들을 만나서 부모님한테서 어떤 말을 들었을 때 가장 속이 상하고 견디기 어렵고 화가 나느냐고 묻고, 그 답을 적어 보라고 했다. 물론 이 세상 어떤 부모가 정말로 자식이 잘못되도록 그런 말을 하겠는가? 부모도 화가 나서, 견디기 어려워서, 참다가 못해 하는 말이다. 그러나 그래도 우리는 어른 아닌가. 아이들보다는 자제력이 조금은 더 있지 않은가. 그래도 우리는 아이들보다 속상하고 화나는 속도가 느리질 않던가. 아이들은 이내 속상하고 화나서 불쑥 충동적인 행동으로 그 분을 풀지만, 우리 어른들은 그들보다는 속상하고 화내는 속도가 조금은 더디지 않던가! 세월의 풍파에 우리의 감각기관이 그만큼 무뎌졌기 때문이다. 그래서 우리 어른이 인내할 수밖에 없지 않은가? 부모가 무심코 아이들에게 내뱉는 말들, 화가 나서 퍼붓는 말들, 그 말들을 아이들 손으로 적어 보라고 했다. 그 말들을 왜 할 수밖에 없었을까? 정말 그렇게 해야만 했을까? 다른 방법으로 좀 더 부드럽게 표현할 수는 없었을까? 한번쯤 생각해 보면 좋겠다. 아비들아, 어미들아, 정말 다음과 같은 말들로 인해서 우리네 자녀가 노엽게 되는 일이 생기지 않았으면 좋겠다.

다음은 초등학교 저학년 어린이들이 부모님으로부터 듣고 속상하고 힘들었다고 적어 낸 이야기들 중 몇 가지 예다. 맞춤법이 틀린 것도 있지만, 어린 아이들의 생각과 느낌을 그대로 전하기 위해 그대로 옮겨 놓는다.

- 썅뇨 무쎄끼
- 싸가지가 없네, 흥
- 공부 빨리 해!!!
- 게임하지 마!!!
- 너는 하다가 말잖아!
- 얼른 해! 이젠 아는 척도 하지 마!
- 애가 왜 그렇게 멍청해?
- 니가 잘하는 게 뭐가 있냐!
- 왜 이렇게 못났니?
- 너 바보냐
- 너, 공부하지 마!
- 너, 내가 주워왔다
- 인연아
- 바보같이
- 이 병신
- 보기 싫어
- 자랑하지 마!
- 이 새끼야! 죽을래?
- 너 친구네 놀러가지마!
- 너 닌텐도 하지마!
- 너 진짜 그런 식으로 할래!
- 너 진짜 집중 안 해?
- 넌 집에 오면 죽는다.
- 내가 하라고 할 때만 하냐.
- 넌 다리 밑에서 주워왔어.
- 너 때문에 내가 못살아!

초등학교 고학년 어린이들도 초등학교 저학년 어린이들과 비슷한 이야기들을 적었다.

- 너 같은 거 필요 없으니까 나가
- 내가 널 왜 키우는지 모르겠다.
- 으이구, 내가 너 때문에 못살아
- 필요없어!
- 어디 가서 내 자식인척 하지 마라.
- 니 얼굴도 보기 싫다. 저리가!
- 니가 그러고도 인간이냐?
- 너 공부하기 싫으면 학교, 학원 때려 쳐!
- 넌 머리가 텅 비어 있구나.
- 개 잡것들이 그냥 콱!
- 넌 왜 이렇게 멍청하냐?
- 이, 돌대가리 새끼야!
- 너는 어쩜 머리가 없니.
- 너 맞을래? 죽고 싶어?
- 너는 누굴 닮아서 그러니?
- 너 정말 내 아들(딸) 맞니?
- 무슨 애가 덩치만 커가지고.
- 너 같은 딸 필요 없어 나가!
- 너 왜 사니?
- 너는 내 아들도 아니니까 나가.
- 엄마 주위에도 얼씬도 하지 마, 닥쳐.
- 이 싸가지 없는 년아.
- 너 같은 딸 내 딸 하기 싫어.

- 야 이 새끼야!
- 이 시간 이후로 난 니 엄마 아니야.
- 너 시험 개판치면 죽는다.

다음은 중학생들이 부모님으로부터 들었던 말이다.

- 야, 이 무식한 것아. 책 좀 읽어라.
- 배 속에 거지 들었냐.
- 차라리 하지마라. 어차피 못할껄.
- 공부 좀 해. 커서 뭐가 될래?
- 그럴 때마다 맘에 안 들어.
- 공부도 못하니까 시집이나 가라.
- 너 다리 밑에서 주워 왔어.
- 머리는 장식으로 달고 다니니.
- 커서 뭐 될래.
- 너 같은 딸 하나만 낳아라!
- 돼지 같은 게.
- 공부 열만큼 했어? 한 거 가지고 와 봐. 너 시간이 이렇게 시간이 많았는데 그동안 뭐했어?
- 너 휴대폰 때문에 공부 안 하지? 휴대폰 너 고등학교 졸업할 때까지 쭉 정지야!
- 너 그런 식으로 하면 학교 가지마.
- 누구누구는 공부 잘하는 애고 너는 왜 그러니?
- 너란 애도 자식이라고 미역국을 먹었지.

- 차라리 공부를 하지 말고 기술을 배워. 학교 때려 치고 공장 다닐래? 넌 공부머리는 아닌 것 같다.
- 니가 공부를 한다고? 잘하겠냐?
- 엄마 아는 사람 딸은 전교에서 1~2등 한다더라. 넌 그렇게 못하니?
- 옆집 애는 공부 잘하는데 넌 그게 뭐니?
- 키만 크면 뭐해
- 니가 공부해 봐야 얼마나 한다고
- 너같이 똑같은 딸 낳아서 키워 봐
- 너 그렇게 할거면 학교고 뭐고 다 때려 쳐!
- 이거 니가 그랬지? 너 말고 누가 그러냐?
- 옛날에는 안 그랬는데 요즘 왜 그러니?
- 빨리해! 뭐해 정신 놓고!
- 경찰한테 부모 없다고 해. 넌 생긴 게 왜 그러니. 대학은 무슨.
- 너보다 조금 더 심한 자식 낳아서 키워봐라
- 급살 맞을 년
- 머리 깍고 공장에나 가.
- 엄마, 아빠 잡아먹을 새끼.
- 너 포기할 테니까 알아서 해.
- 이 새끼는 사람되기 글렀다.
- 넌 안 돼 너가 할 수 있을 꺼 같아?
- 짐승만도 못한 년.
- 독한 년, 차가운 년, 쌍년.
- 니까짓 게 해봤자 뭘 할 수 있겠냐
- 저런 게 태어나서…… 그냥 죽어버리던가 하지.

부모가 하지 말아야 할 21가지 말

끝으로, 한 편의 기도문을 소개하면서 이 책을 마무리 짓고자한다. 다음에 소개하는 기도문은 경기도 고양시에 있는 홍익교회(담임목사 손철구)에서 매주 수요일 오전에 어머니들이 모여서하는 「위대한 어머니 기도회」 때 배포해 주었던 기도문 중 하나다. 읽는 이들 모두에게 하나님의 큰 축복이 함께 하리라 믿는다.

아이의 거울이 되는 길

아이들의 마음을 헤아리고
아이들의 말을 끝까지 인내하며 듣게 하옵소서.
아이들의 묻는 말에는 단 한마디라도 마음 편안히 대답을 들려주게 하시고
아이들의 말을 가로막거나 핀잔을 주지 않게 하옵소서.
아이들이 나에게 공손하기를 바라는 것같이
나도 아이들에게 공손하게 하여 주소서.
내가 아이들에게 잘못하였다는 것을 깨달았을 때는
나의 잘못을 말하고 아이들의 용서를 구하는 용기를 주소서.
공연히 아이들의 감정을 상하게 하지 않기를 비오며
아이들의 과실을 비웃거나 창피를 주거나
조롱하는 일이 없도록 하여 주소서.
나의 말과 행동으로 정직은 행복의 지름길임을
증거하도록 인도하여 주소서.

내 마음속의 비열함을 깨끗이 씻어 주시고 잔소리를 일삼지 않게하옵소서.
오 주님이시여, 나의 기분이 언짢을 때 나의 혀를 다스리게 하여주소서.

아이들의 사소한 잘못에 눈을 가리고, 착한 일만 보도록 도와 주
소서.
아이들의 잘한 일에 대해서는 서슴없이 마음을 다해 칭찬하게 하
여 주소서.
아이들의 나이대로 아이들을 대하고,
어른들의 판단이나 관습을 강요하지 말게 하옵소서.

내 스스로의 만족을 위하여 아이들에게 벌을 주는 일을 막아 주
소서.
정당한 소원은 빠짐없이 들어주고, 아이들에게 해로운 권리는
언제나 허락하지 않는 용기를 주소서.
나를 공평하고 정의로운 사람, 긍휼이 넘치는 다정한 사람으로
만드시어 아이들의 존경을 받을 수 있는 사람이 되게 하옵소서.
아이들의 사랑을 받고 아이들의 거울이 될 만한 사람으로 만들어
주소서.

- 게리 메이어즈 〈어버이의 기도〉 전문

저자 소개

이성호(李星鎬)

연세대학교와 미국 조지워싱턴 대학교 대학원(교육학박사)을 졸업하고, 연세대학교에서 30여 년 동안 교육학 교수로 재직하고 있으며, 학생처장, 교육과학대학장, 일반대학원장, 부총장 등을 역임했다. 국방부 및 공군의 정책자문위원, 교육부 대학정책실장, 교육정책자문위원회 위원장, 대통령자문 21세기위원회 위원 등을 지냈다. 주요 저서에는 100만 부가 넘게 판매된 『지금 당신의 자녀가 흔들리고 있다』『어쩌다 우리 사이가 이렇게 됐지』 등의 교양서와 『대학교육과정론』『Korean Higher Education』『Scientific Development & Higher Education』『교수방법론』『교육과정개발의 원리』 등의 학술서를 합쳐 모두 30여 권이 있으며, 국내외로 150여 편의 논문을 발표했다. 2000년에 대한민국 정부로부터 홍조근정훈장을 받았으며, 1999년부터는 『세계인명사전 Who's Who in the World』에, 2003년부터는 『미국인명사전 Who's Who in America』에 등재되기 시작하였으며, 2005년도에는 영국 국제인물전기센터로부터 '세계 100대 최고 교육학자'의 한 사람으로 선정되었다.

부모가 하지 말아야 할 21가지 말

2011년 2월 25일 1판 1쇄 발행
2013년 3월 20일 1판 5쇄 발행

지은이 | 이성호
펴낸이 | 김진환
펴낸곳 | ㈜ **학지사** · INNER BOOKS 이너북스

　　　　121-837 서울시 마포구 서교동 352-29 마인드월드빌딩 5층
　　　　대표전화_ 02-330-5114　　팩스_ 02-324-2345

등 록 | 2006년 11월 13일 제313-2006-000238호
홈페이지 | www.innerbooks.co.kr

ISBN 978-89-92654-44-9 03370

가격 12,000원